智能制造

新技术、新商业、新管理颠覆产业发展

吕惠芳 ◎ 著

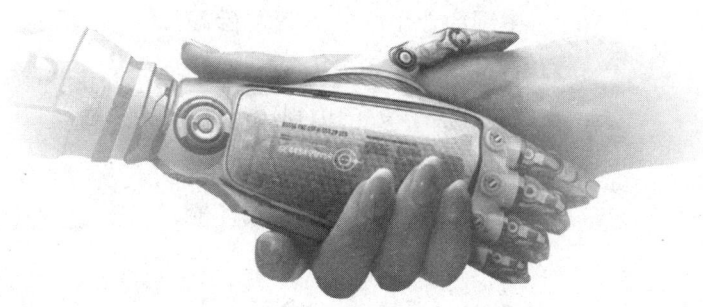

中国商业出版社

图书在版编目（CIP）数据

智能制造：新技术、新商业、新管理颠覆产业发展 /
吕惠芳著 . -- 北京： 中国商业出版社，2020.1
ISBN 978-7-5208-1066-1

Ⅰ.①智… Ⅱ.①吕… Ⅲ.①智能制造系统—制造工业—工业发展—研究—中国 Ⅳ.① F426.4

中国版本图书馆 CIP 数据核字（2019）第 284308 号

责任编辑：杜辉

中国商业出版社出版发行
010-63180647 www.c-cbook.com
（100053 北京广安门内报国寺 1 号）
新华书店经销
三河市长城印刷有限公司印刷
*
710 毫米 ×1000 毫米 16 开 12.25 印张 165 千字
2020 年 1 月第 1 版 2020 年 1 月第 1 次印刷
定价：48.00 元
****
（如有印装质量问题可更换）

代序

"智能制造"是个时代命题，它融合了信息技术、自动化技术、大数据技术、人工智能技术等先进技术。因此，解题方法离不开充分挖掘和利用这些与智能制造密切相关的新技术价值。那么，究竟如何挖掘和利用新技术价值呢？

比如，大数据不仅仅是一种资产，更是一种生产力。大数据重要的价值在于应用。而要让大数据应用到各行各业，只有在深入了解了客户需求的基础上，才能做出真正符合市场需求的产品。其中的关键是要找到行业与大数据的连接点，即找准应用点，创造大数据应用场景，这样才能发挥出大数据的应有价值。

再如，人工智能技术与先进制造技术的深度融合，贯穿于产品设计、制造、服务全生命周期的各个环节及相应系统的优化集成，可以不断提升企业的产品质量、效益、服务水平，减少资源能耗等。而这些都可以创造相应的应用场景。

现实中，不少企业对如何进行"智能制造"不明所以，因而迷失了方向，舍本逐末。本书重点分析论述类似上述的这种"应用点"，诸如智能制造人机一体化系统、智能制造应用场景、智能制造整体解决方案、智能制造装备产业集群发展模式等，通过技术赋能，可以为制造企业发展智能制造提供有益的帮助，以实现突破性发展。

对于制造业从业者、研究者以及政府部门的行业管理人员来说，无论是从理论上还是从技术上，抑或是从管理层面和实践层面，本书都具有指导意义！

中科点击 CEO、《大数据分行业大解析》作者 彭作文

2019.10.1 于北京

前言

2017年5月17日国务院召开常务会议，指出下一步深入实施《中国制造2025》，把发展智能制造作为主攻方向。扩大试点示范城市（群）覆盖面，选择20~30个基础条件好、示范带动作用强的城市（群），继续开展"中国制造2025"试点示范创建工作，以试点示范推进《中国制造2025》深入实施。

落子智能制造，紧跟全球发展竞争趋势。前三次工业革命都有明显的标志，如蒸汽、电力、可编程计算机。第四次工业革命已经到来，以互联网产业化、工业智能化、工业一体化为代表，各个国家都尝试定义。美、德先后于2012年、2013年推出工业互联网、工业4.0等先进制造业战略计划，其实质即是智能制造。我国为了适应全球经济发展新形势，也适时提出了"中国制造2025""互联网+"等一系列战略计划，因为智能制造是我国在此次技术创新竞争中实现弯道超车的契机。

在国家政策的推动下，为了满足市场方面的需求，我国智能制造产业近几年发展迅速，通过对传统制造行业进行智能化、信息化改造升级，智能制造的发展解决了以往各类生产设备数据孤岛化、生产流程信息化滞后、统筹管理落后以及人力成本不断增长等历史难题。

然而，在智能制造热潮下，不少企业却迷失了方向、忘记了初心，开始舍本逐末。那么，智能制造的发展如何取得进一步突破呢？实际上，智能制造只是创造、提升企业价值的手段之一，但并非唯一的选项，包括自动化技术、信息化技术以及传统制造技术等都是可以选择的方向。也就是说，制造企业应当站在行业视角，立足本企业实际，不但要发挥传统制造技术的优势，也要充分挖掘和利用传感、信息、物联网、人工智能、大数据、云计算等与智能制造密切相关的新技术的价值，来引导和促进传统产业的转型变革，从而为智能制造产业发展赋能。

为了引导和推动制造企业实施智能制造，本书从宏观政策的把握、关键技术的阐释、应用场景和需求的分析、整体解决方案的提出，以及制造产业聚集区、智能制造相关产业集群、智能制造装备产业集群发展模式等多方面，结合具体实例进行了广泛而深入的探讨。从理论和实践两个方面，为制造企业通过智能制造实现转型升级提供了解决问题的思路和途径。

目录

第一章
《中国制造2025》的主攻方向：智能制造

《中国制造 2025》中的风口——智能制造 / 2

基于《中国制造 2025》的地方政策与产业升级 / 6

中国制造企业智能化转型升级路径分析 / 12

"智能制造"的提出及其智能化内涵 / 17

"十三五"发展规划解读智能制造 / 21

中国智能制造发展现状与趋势的分析 / 25

打造高质量智能制造的四个"抓手" / 29

制造业产业链及重点细分领域梳理 / 33

第二章
打造智能制造系统：智能机器+人类专家=人机一体化系统

智能制造系统的构成及其作用 / 40

智能制造系统的综合特征 / 44

国内智能制造的几种典型模式 / 47

企业该如何选择智能制造系统 / 51

第三章
智能制造关键技术与应用案例：射频识别、实时定位、信息融合、网络安全、无线传感

射频识别技术——海澜之家用 RFID 技术优化供应链管理 / 54

实时定位系统——懋特公司的实时定位系统定位精度高 / 59

信息物理融合——中建钢构在无人工厂领域的 CPS 应用探索 / 63

网络安全——湘潭发电公司的网络安全措施与信息化管理 / 66

无线传感网络——中航力源智能生产线实现自动化和智能化 / 70

第四章
制造企业内部生产数据分析管理与行业数据分析

工业大数据的来源及大数据分析方法 / 74

生产制造企业为什么要管理生产数据 / 77

大数据分析助力制造业竞争力提高 / 80

几种常见的工业大数据分析模型简介 / 83

第五章
分析智能制造应用场景和需求：三类应用场景，网络通信和信息化需求

智能制造广域应用场景：多工厂之间的网络通信和应用 / 90

智能制造工厂级应用场景：工厂生产和办公管理的应用 / 92

智能制造现场级应用场景：生产线现场的管理与监控 / 94

智能制造网络通信需求：业务弹性叠加、带宽弹性扩容等 / 95

智能制造信息化应用升级需求：可视化、移动应用、工业云等 / 97

第六章
制订智能制造整体解决方案：网络架构、网络技术、工业云平台、智能产品技术

工业互联网整体架构：发挥互联与协同功能 / 100

生产智能化网络技术：智能工厂的互联和信息安全保障 / 102

工业云平台：搭建工业协同平台，提供工业协同服务能力 / 104

智能产品运行监控分析技术：通过物联网和车联网提供远程智能服务 / 106

第七章
我国四大制造产业聚集区：珠三角、长三角、环渤海及中西部地区

珠三角地区：传统制造业转型，高新制造业发力 / 110

长三角地区：整合产业资源优势，打造世界级产业集群 / 117

环渤海地区：区位优势明显，产业体系完善 / 122

中西部地区：政策优势引发"智造"产业集聚效应 / 127

第八章
智能制造相关产业集群：传感器、物联网、人工智能、大数据、云计算、边缘计算、网络安全

传感器：五大传感器产业集群及龙头企业 / 132

物联网：四大地区集群发展的产业空间格局 / 134

人工智能：产业集群初显，整体呈蓬勃发展态势 / 137

大数据：四个产业集聚区各具特色 / 142

云计算：集群化分布明显，领先企业众多 / 145

边缘计算：产业快速上升，5G助力边缘计算 / 149

网络安全：打造产业高地，集群效应显现 / 154

第九章
智能制造装备产业集群的三种发展模式：政产学研结合、龙头企业带动和吸引企业

政产学研结合模式：做大做优智能装备产业 / 158

龙头企业带动模式：快速集聚人气，壮大产业规模 / 161

吸引企业模式：依托国内外产业转移吸引落户模式 / 165

第十章
智能制造产业园规划成功案例展示

华之翼无人机产业园区规划 / 168

安德森智能家居产业园规划 / 170

宝山工业机器人产业园规划 / 173

杭州人工智能产业园规划 / 176

云南曲靖高铁智慧物流园区规划 / 178

参考文献 / 181

附录：浙江共赢链集采平台有限公司简介 / 182

第一章

《中国制造2025》的主攻方向：
智能制造

在经历了2008年国际金融危机之后，实体经济的重要性逐渐被重新认知，以制造业为核心的实体经济才是保持国家竞争力和经济健康发展的基础。这已经是世界各国的共识。为了振兴中国制造业，国务院于2015年出台了《中国制造2025》作为制造强国战略的行动纲领。智能制造不仅是抢占未来经济和科技发展制高点的战略选择，更是传统制造业企业转型升级的必由之路。

《中国制造2025》中的风口——智能制造

2017年5月17日,国务院总理李克强主持召开国务院常务会议。会议指出:为了深入实施《中国制造2025》,下一步要深化供给侧结构性改革,以市场为导向,以企业为主体,强化创新驱动和政策激励,把发展智能制造作为主攻方向,与"互联网+"和"大众创业、万众创新"紧密结合,打造勇于改革创新、成果不断涌现、具有引领作用的"示范方阵",促进整个制造业向智能化、绿色化和服务型升级,加快建设制造强国。

这次会议"把发展智能制造作为主攻方向",表明制造业下一阶段最重要的风口就在"智能制造"。

全球制造业的变化对我国制造业的影响

工业和信息化部部长苗圩2018年1月13日在北京举行的第九届中国经济展望论坛上发表题为"加速动能转型,做大做强'中国制造'"的主题演讲时说,全球制造业正在发生深刻变化,对中国制造业发展环境和应对策略的深刻影响主要有3个方面:首先,"再工业化"战略相继落实,制造业又一次实现成为全球经济竞争的焦点。他说,中国经济想要成功转型升级,要实现现代化的目标,就必须做好"中国制造"的工作。其次,新的工业革命正在蓬勃发展,智能制造已成为新一轮全球产业竞争的制高点。他说,无论是高端制造业的发展,还是人工智能、大数据、云计算与制造业的融合，都必须遵循向数字化、网络化和智能化的方向逐步发展，提升制造业的质量和效率。最后，全球化正在寻找新的方向，制造业创新合作已成为国际合作的新亮点。他认为，中国产品、中国企业和中国制造业将在更高层次、更深层次上参与国际竞争与合作；产业创新方法将更加开放，产业协同效应、跨境流动和协同效应将成为普遍现象；良好的外商投资环境正在成为各国在全球化进程中的首选和追求目标。

另据最新消息，央视财经于2019年6月11日发文称，世界产业结构普遍经历了四轮产业转移。第一轮制造中心在英国，第二轮在美国，第三轮转移到日本和德国以及"亚洲四小龙"，第四轮已转移到中国。当前，制造业的第五轮转移已经开始，其方向在东南亚、南亚、非洲、拉美等一些国家和地区。专家表示，制造业转移有三个主要原因，一是科学技术革命，二是资源环境的承载能力，三是成本驱动。但无论国际制造业如何调整和如何变化，只要中国坚持高端制造和技术创新的原则，就一定会在不断变化的全球经济结构中立于不败之地！

把握"智能制造"风口，打造智能化升级系统

中国是一个制造大国，加强"智能制造"不仅可以补齐短板，还可以加快工业化进程。一方面，人工智能和3D打印等新技术不断涌现，不断推出新形式，加速新经济增长点的形成；另一方面，信息技术与传统制造业的整合不仅催生了个性化定制和服务导向制造，还开辟了新市场并解决了产能过剩问题。

昔日的钢铁巨人首钢集团在搬离北京后，就开始布局立体停车场业务，谋求去库存。它研发的制造智能化立体停车场，可以精准高效控制车辆出入，不仅实现了去库存，也为公司带来了新的机遇。首钢城运与捷克诺曼环境技术股份公司等签订的合作协议，把国内先进的智慧停车场与捷克的环保技术相结合，借此可以向国外输出城市交通和污染治理的全面综合解决方案。

要想真正把握住"智能制造"风口，就必须实现制造业的智能化升级。制造业智能化升级是一个系统工程，需要从产品、工业设备、生产方式、管理、服务等方面进行推进。目前在这些方面已经取得了许多可喜的成绩。

所谓产品智能化，就是产品本身要具备自动存储数据、感知指令与控制中心通信的能力，这样产品才能够被自动化生产线有效识别、定位和追溯。例如，扫地机器人能清理卧室中不易被眼睛看到的多种毛屑、皮屑、头发、棉絮、细微灰尘等，降低甚至去除卧室脏污对健康的影响。扫地机器人目前已经实现远程控制、定时清扫、无电自动回充等功能。

所谓工业设备智能化，就是使工业设备实现智能化，这是制造业智能化升级的重点所在，相比于其他领域的智能化，制造业升级离不开制造设备的智能化。例如，深圳深港产学研环保工程技术股份有限公司的一体化污水处理系统，可以大大减轻景区、城镇直排带来的环境污染。产品以集装箱作为设计元素，结合循环的设计理念，机体设计简洁整齐，造型本身融合景区和乡村环境，一体化污水处理设备助力中国尽快实现青山绿水环境的理念。

所谓生产方式智能化，就是打造智能工厂并完全根据消费者的个性化需求进行自动生产。例如，广汽传祺杭州工厂秉承工业4.0的智能制造理念，采用独创的VIDM（可视化、信息化、数字化、智能制造）系统，打造了一座安全、清洁、智慧的工厂。以该厂焊装车间为例，其首次采用CO_2机器人自动弧焊工艺，配备全球领先的机器人及机器视觉智能技术，可实现高精度、多车型柔性共线生产。

所谓管理智能化，就是企业在工业数据的帮助下实现纵向、横向、端对端的集成，以此可以及时、完整、精确地获得海量的用户数据，并与产业价值链上的所有利益相关者共同打造产业物联网，从而更加科学、高效、灵活、便捷地管理企业。例如，湖南省湘潭市区某住宅小区利用先进的仪器设备和管理手段，运用计算机及相关的最新技术，在传统的建筑结构上采用现代化的计算机技术、传感技术、传输技术、安防技术、自动控制技术等各种先进技术来提高效率、降低损耗、节约成本，大大提高了小区物业管理、安全防范以及信息服务等方面的自动化程度，为住户提供了一个安全、方便、舒适的生活空间。

所谓服务智能化，就是通过智能制造模式使最终用户全程参与整个产品的生命周期，以实现与消费者的全程无障碍沟通，从而为消费者提供更加人性化的服务。例如，微信未来连接的不仅是人，还包括设备和设备、服务和服务、人和服务的连接。

随着《中国制造2025》的实施，"中国制造"正在向"中国智造""中国创造"转变，中国正在世界经济舞台上走出一条从模仿、追随到引领的发展轨迹。而这背后的"秘诀"，便是创新。

基于《中国制造2025》的地方政策与产业升级

为了深入实施《中国制造2025》，国务院于2017年5月17日召开的常务会议不仅确定"把发展智能制造作为主攻方向，与'互联网+'和大众创业、万众创新紧密结合"，还提出狠抓关键核心技术攻关、加快建设工业互联网云平台和基于互联网的开放式"双创"平台、抓好试点示范提高产品和服务品质、优化发展环境、扩大开放和国际合作等六项要求。这既是中国制造向智能化升级的方向，也是制造业企业实现智能化的实施路径。

各地方陆续出台智能制造领域扶持政策

在《中国制造2025》这一国家战略的指导下，江苏、广东、福建、四川、安徽等省份因地制宜，陆续出台了智能制造领域的扶持政策，全面对接《中国制造2025》，以抢占未来产业竞争制高点，加快制造强省的建设步伐。

2016年8月24日，江苏省委省政府发布的《中国制造2025江苏行动纲要》的总目标是到2025年建成国内领先、有国际影响力的制造强省。同时增加聚焦加强自主创新能力、推进两化深度融合、持续推进技术改造、加强质量品牌建设、推动业态模式创新、加强对外交流合作、加快产业结构调整、推进绿色生产制造等重点领域。还配套制定了"制造强省评价体系"，包括创新能力、质量效益、两化融合、结构优化、绿色发展五个方面指标,在 2020 年和 2025 年两个时间节点评价,让制造强省可感可知。

2015 年 8 月 4 日,广东省正式对外发布《广东省智能制造发展规划(2015—2025 年)》,其发展目标是到 2025 年,广东省制造业综合实力、可持续发展能力显著增强,在全球产业链、价值链中的地位明显提升,全省建成全国智能制造发展示范引领区和具有国际竞争力的智能制造产业集聚区。该规划将这一目标化解为六大任务,即构建智能制造自主创新体系、发展智能装备与系统、实施"互联网+制造业"行动计划、推进制造业智能化改造、提升工业产品智能化水平和完善智能制造服务支撑体系。

2015 年 8 月 6 日,福建省发布的《福建省实施〈中国制造 2025〉行动计划》提出,要完善社会化专利服务体系;要健全专利申请、扶持和保护政策,引导知识产权优势企业实施专利导航;要发挥知识产权运营公共服务平台的作用,促进专利技术的转移、转化;要加强专利与金融合作,推动企业专利权质押融资常态化、规模化发展;要支持组建知识产权联盟,推动市场主体开展知识产权协同运用;要加强知识产权的创造、运用、保护和管理,营造良好的市场环境。

2015 年 10 月 23 日,四川省人民政府发布的《〈中国制造 2025〉四川行动计划》提出,到 2020 年,四川省制造业竞争力进一步增强,制造业在全国的地位稳步提升,建成中西部领先的制造业发展高地;到 2025 年,制造业大省地位进一步巩固,进入全国制造强省行列。为实现制造业转型升级,四川省锁定了提高四川制造业自主创新能力、加快信息化与工业化深度融合、提升四川制造业基础能力等十大任务,配套实施制造业创新中心建设、高端装备创新研制、智能制造等七大工程,以及新一代信息技术产业、航空航天与燃机产业、高效发电和核技术应用产业等十大重点领域。

2015年12月3日,安徽省发布了《中国制造2025安徽篇》,其目标是力争到2020年,基本实现工业化,制造业强省地位初步建立,制造业增加值占GDP比重达到40%左右;到2025年,制造业整体水平大幅提升,迈入制造业强省行列,制造业增加值占GDP比重达到43%左右。其中还有"六项任务"和"五大工程"等。

佛山、南京等市在国家制造强国战略以及所在省的行动计划的指导下,进一步分析产业特色,陆续制订与《中国制造2025》相衔接的制造业发展计划,找准转型升级基础,引领制造业向中高端产业迈进。

中国制造产业的智能化转型升级路径

《中国制造2025》要发展新一代信息技术产业、高档数控机床和机器人、航空航天装备、海洋工程装备及高技术船舶、先进轨道交通装备、节能与新能源汽车、电力装备、农机装备、新材料、生物医药及高性能医疗器械等十大产业。由此可以看出产业优化升级已是制造工业发展的重中之重。目前,我国工业结构调整优化已取得积极进展,技术改造工作得到更大重视,高档数控机床、工业机器人等新兴产业发展势头良好,市场倒逼过剩产能退出的机制正在加速形成。

从实际情况来看,中国智能制造转型升级路径主要表现为迈向价值链高端、调整优化产品结构、提高新兴产业比重,以及"互联网+"对升级传统产业的作用。

在价值链提升方面,为了推动中国制造业迈向价值链高端,《中国制造2025》提出瞄准创新驱动、智能转型、强化基础、绿色发展等关键环节,让中国制造跻身世界第一方阵。智能制造是各地制造企业提升价值链的突破口。这方面一个典型的例子是广州博创智能装备股份有限公司(以下简称"博创")。

博创从2002年成立并进入注塑机领域,发展至今才短短17年,生意却做到了全球，还在英国、美国和俄罗斯成立了子公司。注塑机是利用塑料成型模具制成各种形状的塑料制品的主要成型设备，被广泛应用于机电、汽车、建材、包装等众多领域。博创公司生产车间，装载了全球最先进的 ERP 系统，该系统首创电箱智能组装线、油制板智能组装线及其在线智能检测检验平台，平均只要 15 天，一台定制的注塑机就能在这里装配完成。从机加工到部装再到总装，高达 15 米的顶吊循着轨道来回作业，自动化的组装线上伴着机械声不停运转，电子显示屏上的即时数据不断跳动，一台台注塑装备从博创增城智能工厂组装出机，将从这里配送至全国各地以及英国、南非、新西兰、土耳其等国家。

在产品结构方面，依托市场优势，调整优化产品结构，成为困难行业可借鉴的发展方向。即使是普遍困难的行业，也能通过产品结构升级取得发展。例如，内蒙古通过延长资源型产业链，正在努力走出"简单挖煤卖煤"的困局。

内蒙古是世界上最大的露天煤矿地，素有"露天煤矿"的美称，但随着全国经济下行和资源型产品供求关系的变化，内蒙古"简单挖煤卖煤"的发生已经走到了尽头。因此，内蒙古正在努力推动转型开放：一是用高新技术做大增量，争取国家支持建设清洁能源、新型煤化工、有色装备、农畜产品加工输出四大基地。二是着力提高资源综合开发利用和精深加工水平，延长产业链条，提高产业附加值。内蒙古大力推进企业纵向重组，构建起煤—电—有色金属、钢铁、化工、建材、光伏、农畜产品加工、装备制造等十大产业延伸链。三是着力培育先进装备制造、新材料、核电燃料、多晶硅、电子信息、生物制药、新型煤化工初级产品延伸、高技术服务业、节能环保九大战略性新兴产业，并加速产业规模化。四是着力推动"大众创业、万众创新"，并坚持放宽、搞活、服务，完善中小微企业工作、政策、融资、服务四大体系。

在提高新兴产业比重方面，我国采取了有力举措，制定了《促进大数据发展行动纲要》，地方政府积极推动大数据产业发展，贵州、北京、上海、广州、陕西等省（市）以及京津冀、长三角、珠三角等重点区域都在积极布局大数据产业。

这几年贵州在大数据产业方面发展迅猛，正努力营造大数据产业发展生态，包括数据中心等基础设施、大数据金融体系、大数据人才和大数据资源集聚。三大运营商以及富士康、惠普等企业都在贵阳建立了强大的数据中心，并且能效水平相当高。贵阳还成立了大数据交易所，开展众筹、众包等工作，推动数据金融生态的形成。中国电信云计算贵州信息园是中国电信"8+2+X"云战略布局的核心组成部分，中国电信已经在贵州建设了"出省宽、省内联、覆盖广、资费低"的国内一流信息基础设施，为贵州发展大数据、大扶贫、大生态和"守底线、走新路、奔小康"提供了有力支撑。

内蒙古把新能源、新材料、节能环保、高端装备、云计算大数据、生物科技、蒙中医药作为战略性新兴产业大力推进。包头市正全力建设国家稀土新材料产业园区、国家稀土功能材料创新中心和世界级稀土交易中心。近年来，包头稀土原材料就地转化率由40%提高到85%，稀土功能材料占比由20%提高到51%。在鄂尔多斯市的煤炭就地转化率达到19%，已建成煤制油项目3个，煤制甲醇项目13个，煤制气项目1个，煤基产业形成产能1500多万吨。与此同时，鄂尔多斯市大力推进产业多元化，目前非煤产业的增加值所占比重接近50%。在呼和浩特和林格尔新区的云计算园区，数据资产评估中心实现了对政务、行业等领域数据资产的盘点、整合、交易和共享。

在中国智能制造业转型升级的过程中，"互联网+"在传统产业升级中发挥了重要作用，比如"互联网+手机"。小米在还没有任何商店时就成为世界第三大智能手机制造商，就是因为它有一个从论坛到粉丝再到产品的逻辑，即先有大量网友在论坛上交换意见，参与产品研发，最终发展成为产品的粉丝消费者，比如"互联网＋媒体"。逻辑思维通过自媒体广告费模式，已经形成了一定规模的消费群体，比如"互联网＋创新O2O"。基于互联网技术、区块链技术和物联网技术的跨境电子商务集成购销平台，在不改变消费者消费习惯和业务模式的前提下，创造了一种基于和谐共赢的互联网"双创"新模式，比如"互联网＋搜索引擎"。众所周知，"百度，你就知道"；未来，"百度一下，你就买到"；将来，如果用户在百度搜索"电影票"，它不会告诉用户电影票的定义，相反，它会告诉用户在最近的电影院中播放的电影，并直接将电影票购买信息推送给用户，即在用户购买之前就进行"截获"了，比如"互联网＋大数据"，用大数据制作的《纸牌屋》在美剧中创造了99的最高分，该系列的制作基于大数据。观众决定主要的创作人员和戏剧剧本，然后根据大多数观众的喜好进行拍摄。因此，该节目的第一季取得了巨大成功，并由美国两位前总统奥巴马和克林顿联合推荐。还有更多这样的例子。在"互联网＋"时代，互联网的广泛使用为传统产业注入了新的活力。

中国制造企业智能化转型升级路径分析

中国制造业企业的智能化转型升级,可以通过数字化设计、智造单元、生产全过程数字化、智能物流仓储系统、大规模定制平台、产品远程运维服务、整体规划与顶层设计这几个路径来实现。

数字化设计:缩短研发周期、降低研发成本、对接制造环节

数字化设计是智能制造系统的源头,是企业实现数字化、智能化道路上必须要突破的关键点。制造业中的设计包括产品设计、工艺设计、工艺优化、样品制造、检测检验等一系列过程。

通过借助一些技术工具,数字化设计可以将研发过程全面数字化、模型化,从而实现研发设计流程的高度集成、协同与融合,大幅缩短产品开发周期,降低开发风险和减少开发费用。比如,第三代产品设计语言MBD(基于模型的产品数字化定义)技术将能够打通数字化设计与数字化制造,使三维模型成为制造的唯一数据源,让产品模型在整个生命周期中得到充分利用。MBD减少了对其他信息系统的过度依赖,使设计者、制造厂、供应商之间的信息交换可以不完全依赖信息系统的集成而保持有效连接。

智造单元:提升设备使用率带动企业加快生产节奏,增加产出与效益

智造单元是一种模块化、积木式、互联互通的数字工厂实践,可以阶段性地实现智能工厂的落地。它有效地保护了既有设备的投资,传承企业沉淀的管理经验，同时又迎合了当前科技劳动者的需要，从而稳步推动传统企业走向智能制造。对于制造领域的中小型企业来说，打造智造单元是开启智能化道路行之有效的切入点，其最大的作用在于提升设备开动率，加快生产节奏，"简单粗暴"地通过增加产出来提升企业收益。

北京奇步自动化控制设备有限公司推出的"智造单元"是智能制造单元的成熟范式之一。整个单元由自动化模块、信息化模块和智能化模块三部分组成，以"最小的数字化工厂"实现企业在多品种小批量乃至单件自动化的生产智能化。

生产全过程数字化：打通数据→整合优化→互联互通→降本增效

生产全过程数字化是将"人、机、料、法、环"五个层面的数据连接、融合并形成一个完整的闭环系统，通过对生产全过程数据的采集、传输、分析、决策，优化资源动态配置，提升产品质量管控。生产全过程数字化需要企业在人员配备、自动化设备、设备连接、环境感知等各方面具备良好的基础，并在此基础上打通各种数据流，包括从生产计划到生产执行（ERP与MES）的数据流、MES与控制设备和监视设备之间的数据流、现场设备与控制设备之间的数据流。有条件的企业还可以通过自主研发或委托开发生产数字化集成平台，将不同生产环节的设备、软件和人员无缝地集成为一个协同工作的系统，实现互联、互通、互操作。

2019年5月18日上午，海南金盘智能科技股份有限公司的海口数字化工厂项目正式开工。该项目通过集合工业互联网、云计算、大数据在生产制造全流程的应用，实现制造过程中的数字化控制、状态信息实时监测和自适应控制，并以产品全生命周期的相关数据为基础，运用计算机虚拟技术对产品设计和整个生产过程进行仿真、评估和优化。其主要建设内容包括设计数字化工厂整体系统架构，引入和自主开发相应的管理系统，打通人、系统、设备之间的数据交互。同时，通过工艺过程仿真模拟与评估，打造行业内最先进的自动化生产装备和物流管理方案，达到提质增效、降本减存的目标。

智能物流仓储系统：让一切物理实体流动起来，节省空间、时间与人力资源

智能物流仓储系统尽管不直接参与产品的生产，但作为整个智能制造系统中的重要子系统，其组成架构也与之类似，分为设备层、操作层、企业层。设备层包括仓储设备、物流设备、识别设备；操作层由WMS、WCS、TMS等软件构成；企业层则对接ERP、CRM、SCM等管理软件的采购、计划、库存、发货等模块，融入总系统的闭环中。

为了材料信息化、减少人力成本、材料信息清楚、提高材料查找效率、方便统计与管理，江苏凯路威电子科技有限公司依照管理者的需求，采用先进的RFID+条码技术，建立材料信息化及智能仓储系统，形成全面的材料跟踪追溯体系，为材料质量对比和采购决策提供有力的数据支撑，同时系统通过与ERP的对接，实现信息平台的资源整合。

大规模定制平台：提升品牌价值，增加用户黏性

销售是所有企业的核心业务之一，智能制造系统中的销售智能化除了应用CRM等软件管理销售业务外，更为重要的是在订单获取层面发挥作用。企业通过建立定制平台，能够将用户提前引入产品的设计、生产过程中，通过差异化的定制参数、柔性化的生产，使个性化需求得到快速实现，以此提升品牌价值，增加用户黏性。

2017年5月，在美国亚利桑那州凤凰城举行的"高德纳全球供应链峰会"上，海尔向包括GE、联合利华、惠普、沃尔玛、惠而浦、SAP、可口可乐在内的200多家企业展示了COSMOPlat的成果及具体技术架构。COSMOPlat是海尔拥有自主知识产权的工业互联网平台，它的应用不仅大大地提高了生产效率，实现了高精度下的高效率，更重要的是COSMOPlat是全球唯一引入用户全流程参与体验的工业互联网平台，实现了大规模制造与个性化定制的融合。目前，海尔生产线上生产的产品，51%是客户定制的，18%是消费者直接下单定制的，已实现不入库率69%。COSMOPlat平台不仅激发了海尔的新动能，还实现了跨行业的复制，通过赋能中小企业，助力中小企业提质增效，转型升级。

产品远程运维服务：以智能化服务拓展商业模式，推动价值链向后延伸

产品远程运维服务是典型的制造企业智能化服务模式，企业利用物联网、云计算、大数据等技术对生产并已投入使用的智能产品的设备状态、作业操作、环境情况等维度的数据进行采集、筛选、分析、储存和管理，基于上述数据的分析结果为用户提供产品的日常运行维护、预测性维护、故障预警、诊断与修复、运行优化、远程升级等服务。产品远程运维服务可以有效降低设备故障率，提升设备使用率与使用寿命，既能减轻制造商的负担，又能显著提升产品价值。产品远程运维对于企业产品的智能化程度要求较高，产品必须配备开放的数据接口，具备数据采集、通信模块；企业还需建立远程运维服务前端平台与后端数据中心，采集产品数据并基于大数据分析与计算，向用户提供增值服务。

Gamma公司是一家主要从事高端农业机械研发制造的大型装备制造企业，在企业战略探索过程中，确立了以研发生产智能化产品、为客户提供智能远程运维服务的未来发展方向。

整体规划与顶层设计：了解自身情况，明确自身能力，选择切入点

智能制造系统的整体规划与顶层设计是制造业企业正式踏上智能化道路的第一步。首先要详细扫描企业自身的核心竞争力、运营情况、财务状况、人员配备、组织架构等基础条件；然后了解企业缺失的智能制造要素、已具备和尚未具备的智能制造能力，精准定位企业目前所处的智能化阶段；在回答了前两个问题的基础上，以企业发展的核心痛点为切入点，以获取关键"智造能力"为阶段性目标，以搭建完整、高效、科学的智能制造系统为发展方向，按照统一架构和统一标准规划设计智能制造系统的总体实施方案及核心要素能力的解决方案。

"智能制造"的提出及其智能化内涵

全面了解中国提出"智能制造"的背景，深入理解智能制造的智能化内涵，对我们深入实施《中国制造2025》无疑具有重要意义。

"智能制造"——一个世界范围内的时代话题

"智能制造"自 20 世纪中期开始就已经成为一个世界范围的时代话题，其前身为网络化制造，再往前追溯则是数字化制造。从 20 世纪中期到 90 年代中期的数字化制造，以计算、通信和控制应用为主要特征；从 20 世纪 90 年代中期发展至今的网络化制造，伴随着互联网的大规模普及应用，进入了以万物互联为主要特征的网络化阶段；当前，在大数据、云计算、机器视觉等技术突飞猛进的基础上，人工智能逐渐融入制造领域，先进制造开始步入以新一代人工智能技术为核心的智能化制造阶段。

20 世纪 80 年代末，在我国制定的科技发展规划中，智能制造是该项工程中的重要内容，而"智能模拟"则是智能制造的主要课题，起势之早堪称和国际同步。

美国于 1992 年执行了新技术政策，智能制造技术被列入其中，美国政府希望借助新技术改造它们的传统工业并启动新产业。

加拿大在其制订的 1994 年至 1998 年发展战略计划中，将智能计算机、人机界面等方面的系统集成作为具体研究项目。

日本于 1989 年提出智能制造系统，后于 1994 年启动了先进制造国际合作研究项目（IMS 计划），IMS 计划是当时全球制造领域内规模最大的一项国际合作研究计划。

欧洲联盟于 1994 年启动了新的研究与发展（R&D）项目，该项目旨在为增进知识及利用这些知识去开创新的用途而进行的系统的创造性的工作；德国政府在 2013 年 4 月的汉诺威工业博览会上提出了工业 4.0 战略，目标是建立一个高度灵活的个性化和数字化的产品与服务的生产模式。工业 4.0 也被称为第四次工业革命，其由大数据、3D 打印和传感器技术三个部分组成，这意味着可以用数字化的方式提供产品或者服务。

而中国政府于 2015 年 5 月 19 日发布的《中国制造 2025》，则实现了对中国制造业的顶层设计，直接将中国制造拉入高速发展的快车道。2017 年 5 月 17 日，国家又将"智能制造"定位成中国制造业转型的主攻方向，也是实现《中国制造 2025》国家战略的重要举措。

中国之所以需要智能制造，是因为智能制造是中国制造业转型升级、提质增效的必由之路。

近年来，中国的经济发展已由高速增长阶段逐步转入高质量发展阶段，政府更加关注优化经济结构、转换增长动力。制造业是供给侧结构性改革的主要领域，尽管制造业增加值在全国 GDP 总量中的比重呈下降趋势，但以制造业为代表的实体经济才是中国经济高质量发展的核心支撑力量。提高质量效益、转变生产方式是中国制造业必须要解决的问题，而发展智能制造正是中国制造由大到强的必由之路。

现实中，用户和企业也都需要智能制造。从用户方面来说，B 端用户需要智能装备与材料、C 端用户需要智能产品与服务。制造业的产品种类繁多，从高端制造装备、航天飞机到家用电器、食品饮料等，用户既有工业、建筑业、服务业等领域的企业，也包括最普通的消费者，我们可以把智能制造的需求方简单分为 B 端用户和 C 端用户两种类型。智能制造能够为 B 端用户带来准确性、适用性、耐用性更加符合自身生产要求的冶金、钢铁、石化等原材料；能够为 B 端用户生产拥有感知环境、互联互通、远程可控等特性的智能装备，推动 B 端用户的智能化发展。对于 C 端用户来说，智能制造能够实现消费者对商品的个性化、定制化需求，并持续提供更加优质、更加智能的产品。

制造业企业之所以需要智能制造，是因为智能制造可以实现降低生产成本，提高生产效率，重塑生产方式。对制造业企业而言，构建智能制造系统的核心价值主要体现在降低生产成本、提升生产效率和重塑生产方式。基于生产现场数据与生产工艺、运营管理等数据的综合考量，企业能够实现更精准的供应链管理和财务管理，减少物料浪费，减轻仓储压力，降低运营成本；通过对"人、机、料、法、环、测"各环节数据的全面采集和深度分析，企业能够发现导致生产瓶颈与产品缺陷的深层次原因，不断提高生产效率及产品质量；引入高度柔性的以数控机床、机器人为主的生产设备，企业可以实现多品种、小批量的新型生产方式，推动生产模式由大规模生产向个性化定制生产进化。

智能制造的智能化内涵

"智能制造"这一概念最早由美国纽约大学的怀特教授和卡内基梅隆大学的布恩教授在其合著的《智能制造》中提出，他们将智能制造定义为机器人应用制造软件系统技术、集成系统工程以及机器人视觉等技术，实行批量生产的系统性过程。

在我国工业和信息化部出台的《智能制造发展规划（2016—2020 年）》中，将智能制造定义为基于新一代信息通信技术与先进制造技术深度融合，贯穿于设计、生产、管理、服务等制造活动的各个环节，具有自感知、自学习、自决策、自执行、自适应等功能的新型生产方式。

百度百科解释：智能制造，源于人工智能的研究。一般认为智能是知识和智力的总和，前者是智能的基础，后者是指获取和运用知识求解的能力。智能制造应当包含智能制造技术和智能制造系统，智能制造系统不仅能够在实践中不断地充实知识库，而且具有自学习功能；还有收集与理解环境信息和自身的信息，并进行分析判断和规划自身行为的能力。

从智能制造创新研究部门对智能制造给出的定义和智能制造要实现的目标来看，传感技术、测试技术、信息技术、数控技术、数据库技术、数据采集与处理技术、互联网技术、人工智能技术、生产管理等与产品生产全生命周期相关的先进技术均是智能制造的技术内涵。

智能制造是企业实现生产、管理、服务、产品智能化的全新生产方式。制造业企业运用上述技术所实现的智能化，将智能制造的内涵变得更为具体：一是产品智能化，即把传感器、处理器、储存器、通信模块、传输系统融入产品，使产品具备感知、通信能力，并且可追溯、可识别、可定位。二是服务智能化，以产品智能化为基础，依托产品自身的可感知、可识别属性，拓展后续服务，从生产性制造向生产服务型制造转型。三是生产智能化，通过数控机床、工业机器人等生产设备的应用，融合物联网、大数据等技术，使生产过程可视、透明、可控、高效。四是管理智能化，ERP、MES、PLM等管理软件的应用使制造业企业的管理更加准确、更加高效、更加科学。

"十三五"发展规划解读智能制造

为贯彻落实《中华人民共和国国民经济和社会发展第十三个五年规划纲要》《中国制造2025》（国发〔2015〕28号）和《国务院关于深化制造业与互联网融合发展的指导意见》（国发〔2016〕28号），工业和信息化部、财政部于2016年12月8日在南京举办的世界智能制造大会上联合发布了《智能制造发展规划（2016—2020年）》（以下简称《规划》）。作为指导"十三五"时期我国智能制造发展的纲领性文件，《规划》明确了"十三五"期间我国智能制造发展的指导思想、目标和重点任务，对推动我国制造业供给侧结构性改革、打造制造业竞争新优势、加快制造业转型升级具有重要意义。

对于《规划》明确的指导思想、目标和重点任务，中科院、前瞻产业研究院、东吴证券等机构与大学专家学者，期刊专栏作者等业内人士，以及中国网信、东方财富等各大网站都有不同角度、不同层面的理解。梳理发现，大家对此的解读主要集中在明确步骤、强调同步、瞄准关键、重视标准、示范推广、聚焦人才这六个方面。

明确步骤：智能制造并非一蹴而就

《规划》提出，将发展智能制造作为长期坚持的战略任务，还提出2025年前，推进智能制造实施"两步走"战略：第一步，到2020年，有条件、有基础的重点产业智能转型取得明显进展；第二步，到2025年，重点产业初步实现智能转型。

在中国工程院院士、清华大学副校长尤政看来,"两步走"和"长期坚持"体现了《规划》的科学性,表明从当前的中国制造到未来的智能制造,将是一个长期的发展过程。需要企业发挥主体作用,根据自身的状况及产品的市场需求情况,逐步推进生产的数字化、信息化、个性化,最终实现智能化制造。企业应坚持需求导向推动,巨大的市场需求让中国智能制造前景光明。

强调同步:要补2.0的课,也要跟上4.0的节奏

《规划》指出,"十三五"期间同步实施数字化制造普及、智能化制造示范引领,以构建新型制造体系为目标,以实施智能制造工程为重要抓手,为培育经济增长新动能、打造我国制造业竞争新优势、建设制造强国奠定扎实的基础。

在中国机械工业联合会专家委员会名誉主任朱森第看来,中国正处于基本实现工业化的冲刺期,制造企业生产力水平参差不齐,不同区域的制造基础差异较大,有些地方是3.0水平,有些地方可能还在2.0阶段,但4.0(智能制造)是全世界的机遇。因此,既要补2.0的课,也要跟上4.0的节奏;既要抓紧普及3.0,也要推动4.0示范引领。总之,要分阶段推进,为智能制造打下扎实基础。

瞄准关键:攻克关键技术装备,突破关键共性技术

《规划》中十大重点任务的前两条,就是"加快智能制造装备发展"和"加强关键共性技术创新",并明确提出到2020年,我国将研发出一批智能制造关键技术装备,使国内市场满足率超过50%,突破一批智能制造关键技术,核心支撑软件国内市场满足率超过30%。

业内人士认为,我国智能制造发展虽然成效明显,但当前仍然面临关键共性技术和核心装备受制于人的问题，这是我国智能制造发展所面临的紧迫挑战，例如，在数控机床领域，高端控制中心CNC机床从日本或德国进口。只有突破关键技术才能实现全方位智能制造。

重视标准：建设智能制造标准体系，构筑工业互联网基础

《规划》提出，要建设智能制造标准体系，开展标准研究与试验验证，加快标准制（修）订和推广应用，到2020年，制（修）订智能制造标准200项以上。

中国工程院院士、清华大学副校长尤政认为，从我国当前的发展水平来看，智能制造的标准、软件、网络、信息安全等基础还相对薄弱，重视标准的制定是《规划》的一个重要亮点，只有标准中国化才能保证中国智能制造的世界话语权。未来有望建设成一批智能制造国家标准、试验验证平台、公共服务平台，同时，这些平台也将服务于标准的推广。

此外，构筑工业互联网基础，是另一项需要"打基础"的重点任务，其中包括研发新型工业网络设备与系统、信息安全软硬件产品，构建试验验证平台，建立健全工业互联网信息风险评估、检查和信息共享机制。

示范推广：力推中小企业智能化改造

《规划》明确了智能制造示范推广的"路线图"，其中包括：加大智能制造试点示范推广力度，开展智能制造新模式试点示范，遴选智能制造标杆企业，不断总结经验和模式，在相关行业移植、推广。同时推动重点领域智能转型，在《中国制造2025》十大重点领域试点建设数字化车间或智能工厂，在传统制造业推广应用数字化技术、系统集成技术、智能制造装备。

促进中小企业智能化改造也被列为重点任务之一。主要包括：引导有基础、有条件的中小企业推进自动化改造，建立龙头企业引领带动中小企业推进自动化、信息化发展机制，建设云制造平台和服务平台，服务中小企业智能化发展。

聚焦人才：智能制造"解放"人，又离不开人

《规划》明确提出，打造智能制造人才队伍，培养一批能够突破智能制造关键技术、推动智能制造转型的高层次领军人才，同时健全人才培养机制，培养满足智能制造发展需求的高素质技术技能人才。

智能制造"解放"人，智能制造的发展又离不开人。智能制造领域多家企业负责人表示，适应发展的多层次、跨界融合的智能制造人才，是我国智能制造发展的"短板"，需要付出长期努力。

中国智能制造发展现状与趋势的分析

智能制造水平的高低,是迈向制造业强国的重要标志之一。因此,制造业智能化转型是我国必须长期坚持的战略任务,推动制造业向智能制造方向转变,已成为我国成就制造业强国的必由之路。那么,中国智能制造面临哪些挑战,其未来发展趋势如何呢?

中国产业调研网发布的《2019—2025年全球与中国智能制造市场现状及未来发展趋势》认为:随着我国人力成本、上游原材料成本等的上升,企业盈利难度较过去将有所增加,尤其是在制造业中,这一现象将更加明显。制造业企业的制造周期时间是指从订单发放经车间周转到最后发货的总时间。制造周期时间越短,制造商库存越少,市场需求变化时报废的材料越少,调整适应变化的灵活性越大。反之,制造周期时间越长,积压的越多,不良及废品增多,储存费用等都会增加,此外,制造周期越长,工厂车间可能出现的问题越多。减少制造周期时间不仅会影响材料预备,还可以改善出货计划,加快产品输出,因为材料在到下一个操作之前停留的时间更短,那么过程中的在制品将会减少。因为产品处理更少,所以产品质量可以得到改善。制造周期时间是在多数电子和电器等复杂品类装配中的最大问题,制造周期每缩短一半,企业年利润收益预期可增长2.2倍。智能制造可显著缩短制造周期时间,提升生产效率,降低成本,提高单位时间产出,从而提升企业收益。因此,出于企业自身对盈利的追求,它们亦将会加大对智能制造领域的投入。

上述观点看上去比较宏观。接下来，我们不妨从前瞻产业研究院、艾瑞咨询研究院、中国电子信息产业发展研究院的赛迪顾问发布的相关分析报告中来了解一下更具体的内容。

中国智能制造面临的挑战

艾瑞咨询研究院发布的《2019年中国制造业企业智能化路径研究报告》认为：第一，关键装备、核心零部件受制于人，短期内难以实现国产替代。这造成国内制造业企业智能化改造成本居高不下，严重制约我国智能制造的整体进展。第二，大部分中国制造业小微企业只能羡慕大企业申请智能制造试点示范项目、围观大企业开展轰轰烈烈的智能化改造，自己却难以融入智能制造的发展浪潮。相比于大中型企业，小微企业的智能化之路面临更大的试错成本和不可控风险，稍有不慎就会危及生存。第三，大部分中国企业缺少智能制造的文化内核——"工匠精神"。对于制造业企业而言，优秀的企业文化即是"工匠精神"在微观领域的集合或集中体现，它在形成以后会向所在产业及上下游延伸、渗透，在其他企业接受并实践此种文化的过程中逐渐形成工业文明，因此智能制造需要工匠精神的"标准、精准、创新"等核心内涵。如果一个企业内部没有形成"工匠精神"内核，即便搭建起智能制造系统，其系统也会因文明缺失而难以发挥效用。

前瞻产业研究院发布的《智能制造行业市场前瞻与投资战略规划分析报告》认为：第一，中国制造业主要处于生产过程与生产系统环节，产品附加值较低，在行业竞争中缺乏话语权。第二，中国企业智能制造业升级面临双重困境，一方面，由于国内租金、人工成本等生产要素价格上升，劳动密集型产业及以代加工为主营业务的企业向越南、缅甸、印度等市场迁移；另一方面，美国、欧洲发达国家提出"再工业化"战略引导高端制造业回流国内。

中国智能制造未来的发展趋势

艾瑞咨询研究院发布的《2019年中国制造业企业智能化路径研究报告》认为：首先，流程领域有望率先实现智能化。流程领域的生产流程本质上是连续的，被加工处理的工质不论是产生物理变化还是化学变化，其过程是不会中断的，而且往往是处于密闭的管道或容器中，生产工艺相对简单，生产流程清晰连贯，生产全过程数字化难度相对较低。流程领域企业接下来要做的是在全面贯通整合各阶段数据的基础上，运用人工智能的深度学习、强化学习（主要是动态规划方法）进行实时数据分析和实时决策，并进一步将智能系统延伸至供应链、生产后服务等各个环节，最终实现全面智能化。其次，产业链上游企业将实现柔性生产，基于供应商先期介入思维，通过网络协同制造确立竞争优势，否则将面临被市场淘汰的风险。最后，5G的应用将开启"万物互联、万物可控"的智能制造新时代。低延时、大带宽、广连接的5G技术将分布广泛、零散的人、机器和设备全部连接起来，构建统一的互联网络，帮助制造企业摆脱以往无线网络技术较为混乱的应用状态。

中国电子信息产业发展研究院赛迪顾问认为：一是智能制造装备企业逐步向系统方案解决转型。因此未来装备制造企业将不断加强与系统解决方案供应商之间的协同创新，增强智能制造一体化解决方案供应能力，为制造企业提供生产智能化、柔性化、定制化的解决方案。二是"互联网+"模式促进制造业价值链向价值网转变。未来智能实验室是人工智能学家与科学院相关机构联合成立的人工智能，互联网和脑科学交叉研究机构，其主要工作包括：建立AI智能系统智商评测体系，开展世界人工智能智商评测；开展互联网（城市）云脑研究计划，构建互联网（城市）云脑技术和企业图谱，提升企业、行业与城市的智能水平服务。

中国电子信息产业发展研究院赛迪顾问认为：第一，智能制造设备企业将逐步转变为系统解决方案供应商。因此，装备制造企业应该把握这种趋势，加强与系统解决方案提供商的协同创新，增强智能制造集成解决方案的供应能力。第二，"互联网＋制造"是未来十年中国发展的重点之一。互联网和制造业的深度融合，将协同制造新模式，形成智能制造的专业化网络体系。

前瞻产业研究院发布的《智能制造行业市场前瞻与投资战略规划分析报告》认为，中国智能制造升级模式应该是制造模式和管理模式的同步升级。这份报告指出，中国智能制造产业升级需要协调制造业数字化、网络化、智能化、精益化的发展，实现制造模式和管理模式同步升级。根据这一原则，中国智能制造业不仅需要实现智能装备、智能工厂替代传统生产方式，同时也要求建立先进的管理理念，运用数字化、智能化的系统工具来提升管理水平，实现精益高效生产。综合分析制造业先进的制造理念和制造技术，推动精益生产、自动化、信息化成为制造业升级改造过程中的三大支撑技术。

打造高质量智能制造的四个"抓手"

科技和产业革命在整个世界经济发展史中所发挥的作用至关重要,其不仅带来生产效率的提高和生产方式的变革,也为发展中国家实现跨越式发展提供了重大历史机遇。当前,全球的制造业正在快速地迈向数字化和智能化时代,智能制造对制造业企业竞争力的影响越来越大。我国能否抓住智能制造这一重大历史机遇,是关系到能否把我国建成制造强国、能否实现"两个一百年"奋斗目标的头等大事。我们必须审时度势,全力以赴地找差距、补短板、强优势、挖潜力,打造高质量的智能制造。为此,必须重点抓好以下四个关键点。

攻克关键核心技术,突破发展障碍

衡量智能制造产业高质量发展的一个重要指标就是核心技术,如信息贯通、柔性制造等需要大量新技术成果的支持。因此,攻克核心技术是智能制造高质量发展的先决条件。

从前瞻产业研究院、艾瑞咨询研究院、中国电子信息产业发展研究院等机构发布的相关分析报告来看,目前我国制造业尚处于机械化、电气化、自动化、信息化并存,区域、行业发展不平衡阶段,高端智能装备、智能制造关键技术以及核心部件受制于人,智能控制技术、智能化嵌入式软件等支撑高端智能装备发展的核心技术对外依赖度高。关键核心技术已经成为制约我国智能制造的难题。

要破解关键技术制约难题，推动我国智能制造的高质量发展，需要从以下几个方面加大投入力度。

第一，瞄准全球制造业前沿技术，走一条以自主创新为主并结合国际合作的创新发展之路，争取在智能制造的某些关键技术上实现"单点"突破，然后逐步过渡到多领域关键环节的"多点"甚至"全线"有效突破。尤其是在智能制造的那些关键领域，要开展重点攻关，努力形成国际领先优势，形成壁垒，避免在关键核心技术上受制于人。

第二，要紧密结合智能制造的市场需求，积极开展国家、行业、企业等多层面的重点科技攻关，也就是国家层面的重大科技专项攻关、行业层面的共性技术攻关、企业层面的关键技术攻关等。在信息化和工业化高层次深度结合实践的基础上，积极转化和应用新科技成果，充分发挥新科技成果的作用，以提升我国智能制造产业的国际竞争力。

第三，在攻克关键技术的基础上，还要加大对智能制造关键技术标准的开发力度。任何行业，如果能够制定行业标准，则具有了话语权，这在国际竞争中意义非凡。大力开发智能制造关键技术标准，可以推进我国智能制造向国际标准化转化，促进中国标准"走出去"，参与全球规则的制定。与此同时，也要充分重视国际标准的引领作用，以其来指导我国智能制造技术创新，加速提升产业的核心竞争力。

推动协同创新，打造特色产业

要推进智能制造高质量发展，就必须立足我国国情与我国制造业发展实际，突出特色发展，减少重复建设，避免产业同构，走出做专做精做优的特色发展之路。

第一，加强智能制造特色产业的技术协同创新发展。要建立健全针对智能制造特色产业的基础研究和共性技术的创新与协同机制，尤其是要用好专项资金，集中投入使用，以便形成合力。在协同创新的过程中，要努力防范"各唱各调、各吹各号"等现象，发挥机制作用，节省研发经费，缩短研发时间。

第二，推进智能制造特色产业的差异化发展。有差异才有特色，差异化是打造特色、实现特色发展的有效手段。智能制造各区域要紧密结合本区域的智能制造基础和发展水平，充分发挥区域比较优势，清晰定位，聚焦特色，错位发展，集聚特色智能制造资源，打造各区域独有的智能制造特色产业群。

优化融合资源，完善生态环境

良好的智能制造产业生态环境是实现高质量智能制造所必需的。事实上，智能制造产业生态环境中完善的产业链、健全的服务体系、多元化的公共平台等，这些有形物理空间和无形网络虚拟空间的相互结合，将有利于智能制造产业内外的各类技术成果的转化和应用，从而实现高质量发展。

第一，对于智能制造产业内的资源，要加强优化与融合。智能制造产业龙头企业要积极牵头，推动产业内装备、自动化、软件、信息技术等不同领域的企业间的紧密合作、协同创新，从而彻底打破产业链中各环节主体的技术"孤岛"，推动整个产业链的分工合作与共同发展。在此基础上，逐步形成以产业龙头企业为核心，各上下游企业联合推进，以及各细分领域企业深度参与的智能制造生态。

第二，对于智能制造跨产业资源，要加强优化与融合。智能制造跨产业资源包括创新链、产业链、服务链、资金链等，通过多链融合，实现多种产业资源的高效配套和精准对接，推动项目快速落地和健康发展，助力区域智能制造产业集群的形成，从而打造一个生产和服务基础健全的智能制造生态环境。

第三，对于跨区域制造资源协同平台的建设，要借助互联网技术来建立和优化虚拟平台的体系架构，完善平台运行机制。为此，要打破区域各智能制造主体的距离束缚，加强区域主体间技术、设计、生产和服务等能力，以及资源的集成和对接，推进制造过程中各环节和价值链的协同优化，在更大空间范围内实现各区域资源的整合利用，实现优势互补，加速完善智能制造生态环境。

以全面突破人才培育瓶颈

人才是推动并实现持续发展的第一资源和核心要素。对智能制造而言，起关键作用的生产要素是那些素质高和能力强的人才，高质量智能制造产业的发展离不开多层次的稳定的优秀人才队伍。

第一，通过多种途径引进和培养一批高层次技术领军人才，以突破智能制造关键技术与带动制造业智能转型。策略和方法上可以采取多种激励措施、优化科研环境、通过高层次人才牵头打造高水平的技术创新团队等，来促进智能制造企业的创新发展。

第二，突出职业精神和企业文化构建。要着力培育一批既擅长智能制造管理又熟悉智能制造技术的复合型人才，要遵循智能制造的内在发展规律，规范和协调智能制造企业的发展，提升智能制造企业的运营水平。在智能制造的推进工程中，要制定"规则"并让规则发挥出企业文化"外化于行"的引导力量。

第三，促进校企合作，培养一批专业技术人才，用以开发、改进和指导智能制造技术，促进智能制造技术的创新、持续改进与优化。

第四，大力弘扬工匠精神。本着精益求精、严谨、耐心、专注、坚持、专业、敬业的工匠精神，培养一批门类齐全、技艺精湛、爱岗敬业的高技能人才，为智能制造企业品牌和质量的提升提供保障。

制造业产业链及重点细分领域梳理

智能制造体系是建立在新一代信息技术之上的，贯穿于制造活动的设计、生产、管理、服务等各个环节，是先进制造过程、系统与模式的总称。所谓智能制造过程，就是通过自动化装备和通信技术完成自动化生产，并能够通过对自动化生产过程中的各类数据进行采集的技术，通过通信互联手段将数据连接至智能控制系统，然后，智能控制系统将数据应用于企业统一管理控制平台，从而提供最优化的制造生产方案、协同制造和设计、个性化定制等，最终实现智能化生产。

智能制造的发展需经历不同阶段，而每一阶段都对应着智能制造体系中某一核心环节的不断成熟，可分为自动化、信息化、互联化、智能化四个阶段。在自动化阶段，淘汰、改造低自动化水平的设备，制造高自动化水平的智能装备；在信息化阶段，产品、服务由物理到信息网络，智能化元件参与提高产品信息处理能力；在互联化阶段，建设工厂物联网、服务网、数据网、工厂间互联网，装备实现集成；在智能化阶段，通过传感器和机器视觉等技术实现智能监控、决策。

总的来看，我国制造业目前仍处于自动化的后期阶段，自动化的制造业系统集成及其应用、自动化装备（主要是工业机器人和数控机床）的水平远落后于国际标准，我国制造业在自动化的道路上任重而道远；我国工业信息化目前以工业软件为主，另外我国工业信息化也出现了一些新发展和新趋势。至于互联化和智能化，前者正在逐步展开，后者也正在逐步布局。

自动化的制造业系统集成及其应用

目前,自动化的制造系统集成解决方案商正在兴起,他们处于智能设备的下游应用端,为终端用户提供应用解决方案,负责工业机器人软件系统的开发和集成。他们主要从国外购买机器人,并根据不同行业或用户的需求,开发满足生产需求的特定解决方案,其业务形式主要以大型项目和工厂生产线技术改造为载体,对现有制造设备进行升级和网络化,为工业控制、传输、通信、生产和管理信息提供系统设计、系统成套和设备集成及工程承包等服务。

目前,国内自动化制造系统集成大多数应用集中在汽车工业领域。随着国内自主品牌汽车制造商的崛起,近年来,国内自动化制造系统已开始增加其在企业中的份额,机器人产品的认知度不断提高,应用领域也扩大到一般行业。例如,国内工业机器人的应用已经扩展到农副食品加工业,比如酒、饮料、茶、制药、餐饮等。其中,在以家用电器制造、电子元件、计算机和外部设备制造为代表的电器机械和设备制造领域,国内工业机器人占销售比例最高。可以看出,自动化制造系统集成在除汽车工业之外的其他领域中的应用也正在迅速增加。

自动化装备——工业机器人和数控机床

工业机器人是自动化装备的重要角色。由于人工成本的增加和产业转型升级的需求,我国的工业机器人销量正在快速提升,自 2010 年开始就大幅增长,此后销量增速保持在 20% 至 50% 的较高水平,目前已经成为全球的重要市场。我国自主生产的工业机器人也逐步得到市场的认可。

工业机器人的发展目前主要受制于重要的核心部件及工业控制系统依赖于进口。工业机器人的核心部件主要包括减速器、伺服系统和控制系统三部分。其中，减速器成本最高，并且精度高，全球减速器行业集中度高，目前基本上被日本垄断；伺服系统的技术门槛相对较低，与国际上存在差距相对较小，一些国内企业已经能够实现自给自足，埃斯顿、新时达的部分机器人已经开始使用自己的控制器和伺服系统，但高端市场仍然被日本、美国及欧洲的公司所占据；控制器方面，复杂的高端工业机器人的控制器高度依赖进口，低端和中端机器人的控制器国内基本上可以实现自给自足。

2016年4月27日发布的中国《机器人产业发展规划（2016—2020年）》称，到2020年机器人关键零部件取得重大突破。机器人用的精密减速器、伺服电机及驱动器、控制器的性能、精度、可靠性达到国外同类产品水平，在六轴及以上工业机器人中实现批量应用，市场占有率达到50%以上。

我国的工业机器人密度（每万名工人使用工业机器人数量）偏低，但目前已成为全球增速最快的国家。国际机器人联合会（IFR）于2018年2月在法兰克福发布的最新报告显示，中国的工业机器人密度位于全球第23。政府也在出台政策扶持，在产业政策《机器人产业发展规划（2016—2020年）》中，规划到2020年实现工业机器人密度达到150以上。

数控机床也是自动化装备的一个重要角色。数控机床是一种装有程序控制系统的自动化机床，该控制系统能够处理具有控制编码或其他符号指令规定的程序，通过信息载体输入到数控装置，经运算处理由数控装置发出控制信号，控制机床动作，从而自动进行零件加工，主要用于金属切削和金属成型。目前我国数控机床已有较高的产量水平，金属切削机床、数控金属成型机床（一种数控锻压设备）均保持较高产量水平。

我国目前处于数控机床的智能化技术起步阶段，现阶段大部分的数控机床还不具备智能化功能，自主生产的数控机床主要以中低端产品为主，高端数控机床（数控系统）主要依靠进口。高端数控机床被列入《中国制造 2025》目标，到 2020 年，国内市场占有率将超过 70%。

国内机床行业市场集中度并不高，主要的市场参与者包括沈阳、大连、济南、秦川等机床厂，进口数控机床主要来自西门子、发那科、三菱等外企；数控系统方面，国产数控系统厂家主要为华中数控、广州数控、大连光洋、沈阳高精和航天数控等，目前这五家数控企业均对数控系统软硬件平台等一批高端数控系统关键技术有所突破。

目前，机床行业的示范效用已取得了一定成果，由云南 CY 集团承担的工信部《高档数控车床制造数字化车间的研制与示范应用》于 2016 年 8 月通过验收，该项目的关键设备数控化率为 100%。

工业信息化——工业软件及行业新发展

我国工业信息化目前以工业软件为主。工业软件是指在工业领域进行设计、生产、管理等环节应用的软件，可分为系统软件、应用软件和中间软件（介于这两者之间）。系统软件为计算机使用提供最基本的功能，并不针对某一特定应用领域；应用软件则能够根据用户需求提供针对性功能。在智能制造流程中，工业软件主要负责从事生产控制、运营管理、研发设计等方面进行优化、仿真、呈现、决策等职能。

国内工业软件企业市场占比偏低，其水平与世界领先企业有较大差距。在国内市场方面，国产软件企业在研发设计、业务管理和生产调度、过程控制三类软件中均有一定市场份额，但在某些细分领域仍与国外领先软件企业存在较大差距，属于行业末端跟随者的角色。

这里颇值得一提的是，根据国家工业信息安全发展研究中心于 2018 年 6 月 29 日在第二十二届中国国际软件博览会"数字经济引领智慧未来"高峰论坛上正式发布的《工业和信息化蓝皮书（2017—2018）》的研究成果，我国工业信息化目前已呈现五大新发展和新趋势：一是新兴产业相关领域逐步实现追赶突破，比如云计算的蓬勃发展，工业机器人、航空航天、卫星导航等领域取得重大发展，智能网联汽车进入实用化阶段等；二是技术创新取得新进展，比如科大讯飞、商汤科技语音与计算机视觉技术取得全球领先，大疆无人机取得全球最大市场份额，华为麒麟SOC芯片紧跟全球最高工艺等；三是产业发展生态体系正加速完善，比如华为、阿里、航天科工集团、海尔、东方国信、树根互联、腾讯和华龙迅达等国内企业纷纷推出各具特色的工业互联网平台；四是信息技术企业国际化发展迎来新契机，比如中哈产能合作基金投入实际运作等；五是工业信息安全保障体系建设取得突破，比如国家工业信息安全发展中心的组建成立，以及工控安全检查评估、监测预警、风险通报、宣传培训、应急演练和技能大赛、成立工业信息安全产业发展联盟等工作的开展等。

第二章

打造智能制造系统：
智能机器+人类专家=人机一体化系统

智能制造系统是一种由智能机器和人类专家共同组成的人机一体化系统，它突出了在制造诸环节中，以一种高度柔性与集成的方式，借助计算机模拟的人类专家的智能活动，进行分析、判断、推理、构思和决策，取代或延伸制造环境中人的部分脑力劳动，同时，收集、存储、完善、共享、继承和发展人类专家的制造智能。智能制造系统影响着未来经济发展进程。企业要根据自己的实际情况进行智能化改造。

智能制造系统的构成及其作用

智能制造系统的底层支撑技术包括 ERP（企业资源计划系统）、MES（生产过程执行系统）、传感器、现场总线、工业以太网等。我们可以将智能制造系统理解为一套精密的"神经系统"。企业能够借助完善的"神经系统"感知环境、获取信息、传递指令，以此实现科学决策、智能设计、合理排产，提升设备使用率，监控设备状态，指导设备运行，让自动化生产设备如臂使指。下面就对智能制造系统的构成要素做一番详细的分析。

中枢神经——ERP+MES

MES 系统相当于中枢神经系统中的脊髓，向上连接 ERP，向下连接 PLC 或其他控制系统，负责整个生产过程的控制。ERP 系统是企业最顶端的资源管理系统，它的核心功能是管理企业现有资源并对其合理调配和准确利用，为企业提供决策支持；MES 系统是面向车间层的管理信息系统，主要负责生产管理和调度执行，能够解决工厂生产过程的"黑匣子"问题，实现生产过程的可视化和可控化。

ERP 和 MES 这两个系统在制造企业信息系统中处于绝对核心的 C 位，但这两个系统也有明显的局限性。ERP 系统处于企业的首位，但在定位生产瓶颈和提高产品质量方面却无法发挥作用；MES 系统主要侧重于生产执行，而财务、销售等服务却不在其监控范围内。因此，企业要建立健康的智能"神经系统",ERP 和 MES 就像"任督二脉"一样,必须打通它们,形成一个完整的计划、控制、反馈和调整的系统,使整个生产过程逐步实现数字化。

神经突触——PLC

在智能制造"神经系统"中,PLC 相当于中枢神经系统和神经元之间的突触,负责信息的收集和转发,并直接控制生产设备和生产线。PLC 不仅是机械设备和生产线的控制器,还是制造信息的收集器和转发器。一方面,它收集和读取设备状态数据并将其反馈给主机(SCADA 或 DCS 系统);另一方面,它接收并执行来自主机的命令,以直接控制现场的生产设备。

PLC 系统主要由 CPU、存储器、输入/输出单元、外围 I/O 接口、通信接口和电源组成,可以对逻辑控制器进行编程。它根据实际控制对象配备了编程器和打印机等外部设备,具备控制、顺序控制、定时、计数等功能,具有可靠性高、编程简单、配置灵活、安装方便、运行速度快等特点,是控制层的核心设备。

神经元——传感器与 RFID 标签

神经元是神经系统的基本组成单位,在智能制造"神经系统"中,担任此角色的就是与物料、在制品、生产设备、现场环境等物理界面直接相连的传感器、RFID 标签、条码等组件。

传感器、RFID 标签等组件是整个系统的神经元,负责收集生产环境、物料流向、制品状态等数据并上传。传感器能感受到被测量的信息,并能将感受到的信息变换成为电信号或其他所需形式的信息输出,传感器使智能制造系统有了触觉、味觉、嗅觉等感官。RFID 标签具有读取快捷、批量识别、实时通信、重复使用、标签可动态更改等优秀品质,与智能制造的需求极为契合。通过射频识别技术，企业可以将物料、刀具、在制品、成品等一切附有 RFID 标签的物理实体纳入监测范围，帮助企业实现减少短货、快速准确获得物流信息等目标。

神经纤维——工业通信网络

企业在日常经营过程中，研发、计划、生产、工艺、物流、仓储、检测等各个环节都会产生大量数据，要让海量数据在智能制造神经系统内顺畅流转，就要综合利用现场总线、工业以太网、工业光纤网络、TSN、NB-IoT 等各类工业通信网络建立一套健全的神经纤维网络。现场总线、工业以太网等通信设备是神经纤维，负责整个系统的数据、指令的传输工作，是系统运作的基本保障。

工业通信网络的主要类型包括现场总线，其主要解决现场设备之间的数字通信，例如，工业领域中的智能仪表、控制器等现场控制设备和先进控制系统之间的信息传输，是连接智能现场设备和自动化系统的全数字、双向、多站的通信系统。

工业通信网络通常可以分为有线通信网络和无线通信网络。有线通信网络主要包括现场总线、工业以太网、工业光纤网络、TSN（时间敏感型网络）等。现阶段，工业现场主要采用有线通信网络技术采集设备数据，并确保信息的实时采集和上传，实现时间生产过程监控需求。无线通信网络技术正在逐步渗透到工业数据采集领域，是有线网络的重要补充，主要包括短距离通信技术如 RFID、Zigbee、Wi-Fi 等；专用工业无线通信技术如 WIA-PA/FA、无线 HART、ISA100.11a 等；蜂窝无线通信技术如 4G、5G、NB-IoT 等。

工业以太网采用 TCP/IP 协议，和 IEEE 802.3 标准兼容，实现了以太网 TCP/IP 协议与工业现场总线的融合，是在标准以太网协议基础上修改或增加一些特定的功能而形成的；NB-IoT 是基于蜂窝网络的窄带物联网技术，它支持海量链接、有深度覆盖能力、功耗低，适合于传感、计量、监控等工业数据采集应用，可满足这些应用对广覆盖、低功耗、低成本的需求；TSN 是基于以太网标准的确定性实时通信机制，定义了极其准确、极易预测的网络时间，有效地解决了工业采集数据在以太网传输中的时序性、低延时和流量整形等问题。

强有力的躯干——智能制造装备

企业构建智能制造系统的目标是实现智能化生产，智能化生产的基础是智能化制造设备。智能制造设备具有传感、分析、推理、决策和控制功能，它是先进制造技术，信息技术和智能技术的集成和深度整合。

目前，智能制造设备的两个核心是数控机床和工业机器人。数控机床是配备程序控制系统的自动化机床，该程序控制系统可以用控制代码或其他符号指令对程序进行逻辑处理，并对其进行解码，然后通过信息载体输入数控装置。工业机器人是用于工业部门的多关节机械手或高自由度机器，可以由人类指挥或在预先编程的程序中运行。工业机器人广泛用于汽车制造和电子设备制造领域，可以高效、准确、连续地完成焊接、涂装、装配、物流、测试等工作。

智能制造系统的综合特征

智能制造以智能工厂为载体,以端到端数据流为核心,以关键制造链路的智能化为核心,并由网通互联支持。制造过程的各个方面将深入整合下一代信息技术,如物联网、大数据、云计算、人工智能等。因此,与传统制造业相比,智能制造系统具有以下特点。

自律能力:对环境及自身信息的感知和理解能力

所谓自律能力,就是收集与理解环境的信息和自身的信息,并在分析、判断之后规划自身行为的能力。一个机器、一个设备要能够自律,首先它一定要能够感知,只有首先感知和理解环境信息和自身信息,然后才能进行分析和判断,进而做出行为决策。

具有自律能力的设备称为智能机器。智能机器在一定程度上表现出独立性、自主性和个性,智能机器之间也可以协调、操作甚至相互竞争,并遵循环境信息和自己的信息的变更制定并调整行动决策。为了能够做到这一点,智能机器必须基于具有强大支持和内存支持的模型,以实现自律。

人机一体化:以人为核心,机器配合实现智能制造

智能制造系统并非单纯的"人工智能"系统,而是人机一体化的智能系统,是一种混合智能。智能机器利用人工智能技术进行机械式的推理、预测、判断,但作为神经网络它最多只能做到形象思维,完全做不到人类的灵感,只有人类才能真正同时具备逻辑思维、形象思维和顿悟思维这三种思维能力。因此，试图以人工智能全面取代制造过程中人类的智能，独立承担起分析、判断、决策等任务，是根本不现实的奢望。

人机一体化的智能制造系统突出了"人"在制造系统中的核心地位，并在智能机器的配合下，更好地发挥出人的潜能。通过人与智能机器的合作共事，去扩大、延伸和部分地取代人类专家在制造过程中的脑力劳动。在这个过程中，人与机器之间是一种平等共事、相互"理解"、相互协作的关系，二者在不同的层次上各显其能，相辅相成。

总之，高素质、高智能的人在智能制造系统中将发挥更好的作用，只有机器智能与人的互相配合，相得益彰，才能实现智能制造。机器智能和人的智能的真正集成，永远是人机一体化的。

虚拟现实技术：对智能制造进行"预演"

虚拟现实技术是实现高水平的人机一体化的关键技术之一。按照百度百科的解释：虚拟现实技术又称灵境技术，囊括计算机、电子信息、仿真技术于一体，其基本实现方式是计算机模拟虚拟环境从而给人以环境沉浸感。虚拟现实技术能够从感官和视觉上给人以真实的感受，但其特点是可以按照人们的意愿任意变化来进行制造。这种人机结合的新一代智能界面，是智能制造的一个显著特征。

与智能制造密切相关的自动化工厂、自动化物流也可以利用虚拟现实技术。比如设计一条生产线，这条生产线未来是什么样的？机器是怎样的动作？这些都通过虚拟现实技术展示出来。虽然机器实物还没出来，但未来整个生产线是什么样的，机器装备是怎么样的动作，物流是如何搬运的活动等都可以事先看到。根据虚拟现实技术所打造的制造方案进行讨论，可以针对不合适的地方进行改进，这种"预演"无疑对智能制造是非常有帮助的。

自组织与超柔性：运行方式和结构形式的自组织与超柔性

在智能制造系统中，每个单元可以根据任务的需要形成结构。它的柔性不仅体现在操作模式上，而且体现在结构形式上，因此这种融合被称为超柔性。它就像一群具有生物特征的人类专家，可以根据环境的变化进行自我组织。例如，电子商务领域出现的C2B和C2P2B模式均反映了柔性制造的本质。

智能制造的超柔性体现在许多方面：一是机器柔性。当要求生产一系列不同类型的产品时，机器随产品变化而加工不同零件的难易程度。二是工艺柔性。在工艺流程不变时自身适应产品或原材料变化；与此同时，制造系统内为适应产品或原材料变化而改变相应工艺的难易程度。三是产品柔性。产品更新或完全转向后，系统能够非常经济和迅速地生产出新产品的能力，同时对老产品有特性的继承能力和兼容能力。四是维护柔性。采用多种方式查询、处理故障，保障生产正常进行的能力。五是生产柔性。当生产量改变，系统也能经济地维护运行。对于根据订货而组织生产的制造系统，这一点尤为重要。六是扩展柔性。当生产需要的时候，可以很容易地扩展系统结构，增加模块，构成一个更大系统的能力。七是运行柔性。利用不同的机器、材料、工艺流程来生产一系列产品，同样的产品也可以换用不同工序加工。

学习能力与自我维护能力：自我优化并适应各种复杂环境

智能制造系统能够在实践中不断地充实知识库，具有自学习功能；同时，在运行过程中能够自行故障诊断，并具备对故障自行排除、自行维护的能力。这种特征使智能制造系统能够自我优化并适应各种复杂的环境。作为智能制造，应该具备学习能力与自我维护能力。

第二章　打造智能制造系统：智能机器+人类专家=人机一体化系统

国内智能制造的几种典型模式

对于发展智能制造，许多企业都做了试水，目前已经形成了相对成熟的一系列框架结构。下面介绍一下智能制造的几种典型模式，为企业进一步加快智能制造模式的培育和推广提供学习借鉴。

大规模个性化定制模式的应用与做法

大规模个性化定制模式可以满足用户个性化需求，目前应用于服装、纺织、家电等消费品领域。主要做法是实现产品的模块化设计、构建个性化的定制服务平台和个性化的产品数据库。定制服务平台协作和整合企业研发设计、规划、供应链管理、售后服务等信息系统。

青岛红领集团是世界上第一家完全实现工业化大规模定制的公司。它通过数据建模智能研发系统，实现了实时的款式开发和模式匹配，有力地支持了服装的全面定制。其智能系统可自动完成类型和工艺的匹配，辅料的供应整合、自动排程、自动分配工序、自动驱动裁剪、自动指挥员工流水线生产、自动配套、自动入库……七个工作日就可以完成制造，世界各地的客户在10天内就会收到自己的定制服装，成本仅为非定制服装的1.1倍。

产品生命周期数字一体化模式的应用与做法

产品生命周期数字一体化模式可以实现缩短产品研制周期，目前应用于航空装备、汽车、船舶、工程机械等装备制造领域。主要做法是应用基于模型定义（MBD）技术进行产品研发、建设产品全生命周期管理系统（PLM）等。

商飞公司围绕 C919 飞机的研制，建立了基于模型的数字化产品研发平台和智能制造平台，实现数字化、网络化、智能化产品研发，支持三维制造数据向生产车间发布，以确保设计、工艺、制造技术状态的一致性，最终促使产品研制周期缩短 20%、产品不良品率降低 25%、运营成本降低 20%。

柔性制造模式的应用与做法

柔性制造模式可以快速响应多样化市场需求，目前应用于铸造、服装等领域。其主要做法是实现生产线可同时加工多种产品及零部件，车间物流系统实现自动配料，构建高级排产系统（APS），并实现工控系统、制造执行系统（MES）、企业资源计划系统（ERP）之间的高效协同与集成。

三一重工位于长沙的"18 号工厂"，号称是亚洲最大的智能化制造车间之一，这里已实现了生产中的人、设备、物料、工艺等各要素的柔性融合。厂房的整个柔性制造生产系统有大量数据信息，包括用户需求、产品信息、设备信息及生产计划。依托工业互联网络将这些大数据联结起来并通过三一的 MES 系统处理，能制订最合适的生产方案，最优地分配各种制造资源。

互联工厂模式的应用与做法

互联工厂模式能够打通企业运营的"信息孤岛"，目前应用于石化、钢铁、电子、家电等领域。主要做法是应用物联网技术实现产品、物料等的身份标识，生产和物流装备具备数据采集和通信等功能，构建了生产数据采集系统、制造执行系统（MES）和企业资源计划系统（ERP）并实现这些系统之间的协同与集成。

海尔从 2012 年就开始建设互联工厂，目前已有超过十座互联工厂。

海尔以这些互联工厂为核心，围绕智能制造装备、技术标准、智造系统等已形成了以用户需求主导，连接企业、研发、供应商和创客并形成了独具特色的智能制造体系，完成了从大规模制造向大规模定制的转变。海尔将用户、设计师、供应商连接在一起，在海尔互联工厂提供的共享设计平台上互动协作。比如全球首个家电行业智能互联工厂海尔沈阳冰箱工厂，通过打造自动化、智能化生产线，搭建信息化、数字化信息系统，率先形成企业与用户需求数据无缝对接的智能化制造体系，实现内外互联、信息互联、虚实互联三大互联，满足用户个性化、碎片化需求。

产品全生命周期可溯模式的应用与做法

产品全生命周期可溯模式可以提升产品质量管控能力，目前主要应用于化纤工业，以及食品、制药等领域。主要做法是让产品在全生命周期具有唯一标识，应用传感器、智能仪器仪表、工控系统等自动采集质量管理所需数据，通过 MES 系统开展质量判异和过程判稳等在线质量检测和预警等。

蒙牛乳业集团利用信息系统与数据采集技术，通过产品赋码、读码、信息关联，形成从原料、半成品、成品到销售终端的全链条"端到端"互联互通，随时可以查询物料走向和状态，实现质量报告自动生成，产品质量一键追溯。

全生产过程能源优化管理模式的应用与做法

全生产过程能源优化管理模式能够提高能源资源利用率，目前应用于石化化工、有色、钢铁等行业。主要做法是通过 MES 采集关键装备、生产过程能源供给等环节的能效数据，构建能源管理系统（EMS）或 MES 中具有能源管理的模块，基于实时采集的能源数据对生产过程、设备、能源供给及人员等进行优化。

九江石化公司构建了能源综合监测系统，覆盖能源的供、产、转、输、耗全流程；建立生产与能耗预测模型、产能优化模型，实现能源生产和消耗的一体化优化和协同，进而提高了能源生产效率。针对高附加值用能，建立氢气和瓦斯产耗平衡模型和优化系统，实现节能降耗。建立一体化的能源管控中心平台，实现能源计划、能源生产、能源优化、能源评价的闭环管控。通过近三年的努力，生产效率提高了20%，能源利用率提高了4%。

网络协同制造模式的应用与做法

网络协同制造模型可以实现供应链上游和下游的协同优化，目前应用于航空航天、汽车等领域。主要方法是建立跨企业制造资源的协同平台，实现企业间的研发、管理和服务系统的集成和对接，并提供研发设计、运营管理、数据分析、知识管理、信息安全等，为接入企业提供服务。

西飞公司构建的飞机协同开发与云制造平台（DCEaaS），实现了10家参研厂、所和60多家供应商的协同开发、制造服务和资源动态分析与弹性配置，实现新一代涡桨支线飞机研制周期缩短20%，生产效率提高20%。

远程运维服务模式的应用与做法

远程运维服务模式可以提高装备及产品运维服务水平，目前应用于石化、钢铁、电子、家电等领域。主要做法是应用物联网技术实现产品、物料等的唯身份标识，生产和物流装备具备数据采集和通信等功能，构建了生产数据采集系统、制造执行系统（MES）和企业资源计划系统（ERP）并实现这些系统之间的协同与集成。

金风科技集团建立的风机远程运维服务平台，实现了风机和风电场的智能监控、故障诊断、预测性维护和远程专家支持。目前管理着1.5万多台风机，累计形成1600多份作业指导书、1700多份故障案例和1500多个故障树，维护成本比用传统方法减少20%至25%，故障预警准确率高达91%以上，发电效益提高10%至15%。

企业该如何选择智能制造系统

制造行业的各个企业千差万别，企业究竟要不要选择智能制造体系？这就需要决策者从本企业实际情况出发，选择适合企业实情的智能制造道路。企业需要因势而动，量力而行，对于有能力的核心企业，当然也可以建设全智能的智能制造体系。

评估企业当前面临的状况

企业在什么情况下才需要选择智能制造系统？如果你的企业目前正面临以下的局面，就应该考虑制造业智能化的问题。

如果企业当前正面临这样的局面：第一，产品仍具有竞争力的态势，但利润率逐渐下降，成本分析显示制造成本偏高；第二，产品逐渐不具有竞争力的态势，是因为质量正在逐渐丢失与同业拼搏的态势；第三，消费与生活价值观逐渐改变了对公司产品的看法，且同业已累积能量向着新一代智能产品板块移动；第四，同行已有多家企业率先实施智能制造，并且显示的实施成果还不错；第五，政府对企业所在的制造业已经出台新政，尤其是"把发展智能制造作为主攻方向"。

这个时候，不仅要考虑制造业智能化的问题，而且一定要将智能化改造提上议事日程。至于那些已深陷泥潭、连生存都成问题的企业，目前还是解决先活下来的问题，待将来具备了一定的条件，再考虑"智能化"的问题才是。

如何科学地选择智能制造体系？

智能制造体系涉及人力资源、财务、行政、市场、销售、产品、制造、服务八个方面，这八个方面可以归为两大体系，即商业智能体系和工业智能体系。其中，人力资源、财务、行政、市场、销售偏向于商业智能体系；产品、制造偏向于工业智能体系；而服务则既偏向工业智能又偏向商业智能，属于工业智能和商业智能兼而有之的一类。

企业的决策者或者核心运营团队需要判定从哪一个体系下手选择实施。在路径选择的具体方法上，这里面有一个基本的判断逻辑。也就是说，要通过启动决策评核来检讨企业价值链，检视自家企业在产品的设计、生产、销售、交货和售后服务等方面的状态，然后经过逻辑性的推算，看看企业应该从哪一处实施。如果发现企业当前正面临上述局面，则可考虑智能化的问题。

第三章

智能制造关键技术与应用案例：射频识别、实时定位、信息融合、网络安全、无线传感

在智能制造实施及升级改造的过程中，很多企业不知如何做起。根据智能制造的定义描述，智能制造离不开精益业务流程、跟踪生产全程、数字化升级生产设施、处理数据、保护技术信息资料等。因此，智能制造关键技术主要应该有射频识别技术、实时定位系统、信息物理融合、网络安全及无线传感网络。本章结合一些具体案例就这五大关键技术进行解读，以此作为制造业企业实施智能化的学习之用。

射频识别技术
——海澜之家用RFID技术优化供应链管理

随着近年来大规模集成电路、网络通信、信息安全等技术的发展,射频识别技术凭借能自动识别物品并获取相关数据,被广泛应用于人们生活和社会发展的方方面面,显示出了巨大的发展潜力与应用空间,被认为是"21世纪最有发展前途的信息技术之一"。射频识别技术是物联网中的一项重要感知技术,它的成熟及广泛应用,促进了智能制造的发展。智能制造过程中应用该技术,可有效提升产品制造的品质、效率和企业管理水平。

射频识别技术及其在智能制造中的应用

射频识别(Radio Frequency Identification,RFID)技术的全称是射频识别技术,这是一种无线通信技术,可以识别特定目标,通过无线电信号读取和写入相关数据,而无须识别系统和特定目标进行机械或光学接触。它具有识别距离长、识别速度快、抗干扰能力强、同时识别多个目标等优点。它在物流、制造、运输和军事领域具有广阔的应用前景。

RFID系统的完整结构包括三个部分:读取器、电子标签(即所谓的转发器)和应用软件系统。RFID系统的基本工作原理:是读取器发出特定频率的无线电波能量,以驱动电路发送内部数据。此时,阅读器依次接收解释数据并将其发送到应用程序以进行相应的处理。

RFID技术改变了传统制造业的生产方式。通过中间件将RFID系统与企业现有的制造执行系统和制造信息管理系统连接，可以实时获取产品在生产各个环节中的信息，为企业制订合理的生产计划提供科学依据。RFID技术的应用将会对制造业的信息管理、质量控制、产品追踪、资产管理以及仓储量可视化管理产生深远的影响，从而大幅度地提高生产率和节省生产成本。具体体现在以下几个方面。

制造信息的实时管理：制造商利用RFID中间件可以将RFID系统与企业现有的制造管理系统连接起来，并可以构建更强大的信息链。管理部门可以随时在生产线上获得产品准确的信息。为公司制订合理的生产计划提供了科学依据，从而增强生产力，提高资产利用率。

产品实时质量控制：RFID系统提供的实时产品信息可用于确保正确使用人工、机器、工具和组件。具体而言，当材料和组件通过生产线时，可以进行实时控制。RFID系统还提供额外的产品信息和产品的在线测试，确保产品操作符合生产标准，并确保生产线上每种产品质量的稳定可靠。

产品跟踪和质量可追溯性：RFID系统可在整个生产过程中自动跟踪产品，并在生产线的每个节点自动记录有关产品的所有信息。对于有质量缺陷的产品，通过RFID系统提供的产品信息和产品的在线测量结果，很容易找出产品的哪个部分存在问题。通过RFID系统提供的产品生产和分销信息，质量管理部门可以查询该产品的生产商、生产日期、合同号、原料来源和生产过程，以便采取相应的措施来提高产品质量。

同一条生产线生产不同类型的产品：RFID系统可以提供实时的产品信息，通过这种及时准确的产品信息，产品的生产简单方便。如果有一批合同产品，则需要在同一装配线上加工和生产。按照传统的生产方法，先生产同类型的产品，然后关闭生产线，调整生产线，生产另类产品。这样既浪费时间和劳动力，又推迟了工期。采用RFID系统后，可以编码不同类型的产品并将其写入RFID标签。当不同类型的产品进入处理点时，通过读取 RFID 电子标签中的信息，可以确认处理产品的类型应该做些什么，这可以提高劳动生产率并提高业务效率。

资产管理：RFID 系统可以提供生产线上设备的运行状态、工作性能和放置位置等信息。资产管理部门可以根据这些信息合理分配劳动力的使用，科学地安排生产线上设备的维护和维修，并将设备调整到最佳工作条件，这有助于提高资产价值，优化资产绩效，并最大限度地提高资产利用率。

仓储的可视化：随着工业化的加速，公司按合同制造变得越来越重要。提供有关供应链和制造过程的实时和准确信息是科学管理和科学规划的关键。RFID 系统可以实现产品物流供应、生产过程、包装、储存、销售和运输的全过程可视化。管理部门可以根据这些信息科学地规划物料供应，合理安排生产线的生产，确保储存能力在合理的水平。从而降低了企业的运营成本，增强了企业的经济效益。

海澜之家"RFID 读取系统"优化供应链管理

海澜之家是中国服装行业的知名品牌，鉴于快速增长的销售规模对进一步优化供应链流程管理的新要求，其于 2014 年正式启动了 RFID 读取系统的研发。项目组访问了 6 家国内物联网设备制作公司，并自主开发了测试程序，对 6 家公司生产的 RFID 产品进行评分，组织各公司生产数十万个 RFID 标签，应用于不同产品上并对它进行性能测试。最后，海澜之家选中其中的 3 家物联网设备制作公司作为 RFID 读取系统的标签供应商。海澜之家向所选 RFID 标签供应商提供 SKU（库存单位）信息，例如，产品编号、颜色编号、规格、数量等，RFID 标签供应商负责将此信息写入芯片并将其发送给服装制造商，然后，再由服装制造商将这些带有服装标记的 RFID 标签附着到服装上。

在海澜之家储运中心的大型接收区域，类似于安全检查的 X 光机的

"通道机"，看似非常普遍，但它是海澜之家 RFID 读取系统的"眼睛"。当一箱打包的衣服随着轨道进入通道机时，通道机自动关闭门，并扫描箱子的 RFID 标签。在扫描一箱衣服后，通道机将获取的扫描信息实时上传到 RFID 智能收集和递送系统，由系统比较应收和实收的货物数量。如果确认正确，通道机将自动运行并传输到下一个链接；如果确认不正确，系统将自动检查原因并在显示屏上显示，传送带将箱子送到旁边的手动检测区域进行拆包。

通道机可以在不开箱的情况下读取所有衣物的信息，而不需要每 8 秒就打开一次箱子，并且一次最多可以扫描 300 箱，扫描速度和精度可达到或超过国际先进水平。同时，一条通道机生产线只需要配备 4 名员工，是以前人数的 1/3，每个员工的工作效率为 5 倍到 14 倍。自从 RFID 读取系统正式投入运营以来，海澜之家已经为其所有服装产品组装了 RFID 标签，海澜之家也因此成为中国第一家使用射频识别技术的服装企业。

鉴于系统使用中存在的问题，海澜之家还与设备制造商合作，不断推进 RFID 读取系统的迭代创新。首先是改善读取过程。由于海澜之家购买的 RFID 标签具有超高频特性，因此可以远距离检测，因此当通道机扫描时，很容易将产品一起扫到等待区域，导致误读和误报。为此，海澜之家协同设备供应商将以前的通道机柜改用吸波材料制造，彻底解决了误读和误报的问题。其次是改善传输链路。最初，在通道机找到有问题的标准箱后，它会通过气动方式将标准箱推到它旁边的人工检测区域。但这种方法很容易导致部件老化并降低可靠性。因此，海澜之家使用旋转托盘技术对其进行转换，通过旋转托盘来改变轨道，自动进入人工检测区。

在不久的将来，海澜之家可能会有这样一个场景：当顾客进入海澜之家门店时，顾客的一切动作信息都将被自动记录，每个门店都可以汇总和分析这些信息，并据此调整门店的商品布局。而商品的款式、颜色、尺寸等信息也将汇总到后端系统,为海澜之家提供参考,以更好地把握消费者的需求,更准确地生产和销售商品。

海澜之家通过RFID读取系统将高品质RFID标签贴在服装上,采用通道机模式,以流水化方式读取服装的RFID信息,实现批量扫描和实时上传商品信息。该系统投入运行后,大大降低了人工成本,提高了收集和交付效率,为服装企业优化供应链管理提供了有益的探索。

实时定位系统
——懋特公司的实时定位系统定位精度高

在传统的制造型工厂中,生产流程及作业人员的管理一般都是依赖表格数据,可视化程度不高,因而生产上存在生产效率不足,安全隐患较多等问题。具体来看,在实际生产制造现场,需要实时跟踪管理多种材料、零件、工具、设备等资产;在制造的某个阶段,需要及时到位和撤离材料、零件、工具等;在生产过程中,需要监视在制品的位置行踪以及材料、零件、工具的存放位置等。因此,传统制造型工厂的整个生产系统需要建立一个实时定位网络系统,以跟踪生产全程中角色的实时位置。而实时定位系统恰恰是智能制造不可或缺的关键技术。

实时定位系统及其在智能制造中的重要作用

实时定位系统(Real Time Location System,RTLS)可以对多种材料、零件、工具、设备等资产进行实时跟踪管理,其组成要件包括无线信号接收传感器和标签无线信号发射器等。RTLS是未来智能工厂的关键技术。

实时定位系统的工作流程是:首先在厂区内布设定位基站,然后给作业人员佩戴定位标签,定位基站接收标定位标签射出的脉冲信号后,精确地换算成时间或距离,再上传到定位信息平台;然后采用TOF算法或TDOA算法对标签位置进行解算,在得到人员精确的实时位置信息和活动轨迹后，将人员位置信息在地图上显示出来。这样的一套流程下来，人员的实时定位、智能巡检便得以实现，从而为工厂人员定位管理提供了关键的位置信息支持。

在现代化的智能工厂中，厂内工人很少甚至无人，并且厂内设备全部是互联的，再加上生产信息的在线监控，因而智能工厂的人员实时定位、信息监控、仓储管理等显得特别重要。而实时定位系统则可以在这几个方面满足智能工厂的需求。

首先是工业机器人的视觉定位。智能工厂的核心是"机器拟人化"生产，除了一系列的位置、速度、压力、视觉等传感器的应用，在机器人智能化识别、定位、抓取零件中，2D/3D机器视觉定位技术是机器人最核心的技术。工业机器人的典型应用包括焊接、刷漆、组装、采集和放置、产品检测和测试等。此外，工业机器人的定位还运用了超宽带、激光、红外以及标记点等定位方式，多技术协同工作。

其次是对生产过程中的信息进行监控。这方面可以由UWB等技术组成的RTLS系统来完成。目前，已经有很多公司将UWB等定位技术与RTLS系统融合，开发出高精度的RTLS实时定位系统，新系统可以对生产区的物料、零配件、半成品、叉车以及工人进行精确的跟踪定位；实时地记录产品生产的质量数据、位置信息、进度变化，以及在某个生产区域的停留时间；实时地跟踪半成品，报告流水线上的状态；对停滞不前的组件、半成品、异常质量状态进行主动报警等。

最后是仓储管理。RFID和超宽带技术的融合，可以实现高效的仓储管理。随着国内生产企业和物流业的快速发展，高效的运行机制越来越受到重视，科学管理的现代仓储可以加快企业物资流动，降低企业运营成本，实现对资源的有效控制。基于条形码和RFID系统的仓储管理还不能满足用户的快速发展要求。因此，基于UWB技术与RFID技术集成的现代仓库管理系统应运而生。通过 UWB 定位系统对叉车、推车和人员物体进行准确定位，通过 RFID 绑定和跟踪产品，这两个系统的有效集成，实现了可视化仓储物流和资产安全跟踪。另外，基于 LPWAN 通信和 Wi-Fi 定位可以进行存储资料管理；基于 RFID 的识别技术可优化零售行业的收集和交付效率，盘点库存并及时补货，提高企业运营效率并减少运营成本。

懋特公司的工厂实时定位系统

懋特（上海）物联网科技有限公司利用物联网传感技术和室内定位技术，为工厂员工管理和安全管理专门开发了一套实时定位系统，定位精度高达 10 米。该系统通过铺设高精度蓝牙网关来监控工厂环境的温度和湿度以及工厂员工的位置，以便在工厂内进行精确定位；结合工厂人员管理现状，实现员工无感知自动考勤打卡、危险区域告警、工人静止告警以及流程化办公统计。

一是准确监控工人的位置。电子定位手环是该系统的主要产品，通过为工人分配手环以实时定位工厂所在位置，管理人员可以在系统后台查看不同类型人员的实时位置，以便主管可以跟踪不同车间不同区域的人员时间状况。

二是危险区域的安全警告。系统可以自定义围栏区域设置。设置虚拟电子围栏后，当工人进入电子围栏时，警报信息立即发送到后台系统，以便工厂管理人员第一时间知道谁进入了工厂的危险区域。

三是作业工人静止告警。工人佩戴的智能手环能检测到工人是否在某个地方静止不动，当静止时间超出预设的范围时，静态警报会自动发送静止警报到员工的上级领导处，以防止工人的偷懒行为。

四是无感知自动考勤打卡。每当工人第一次进入工厂时，工人的位置和时间会自动记录，并在后台自动生成出勤记录，真正实现了无感知自动考勤。

五是监测工人的生命体征。工人佩戴的手环可以检测工人的心率、血压和计步数据，并且每分钟检测一次，以便为工厂的员工护理提供健康信息。

六是视频联动。工厂人员定位系统可以与工厂的原始监控系统对接，找到某个工作人员后，系统会自动打开监控视频，并随时监控工厂内部的一举一动。

这家公司研发的实时定位系统目前的应用领域包括医院、疗养院、工厂、博物馆和展览馆、智能大楼、学校、地下管道、矿山、监狱等。精确定位可以实现许多功能，大大提高了管理效率，从而既提升了施工期间工人的管理效率，又保证了人员的安全。

信息物理融合
——中建钢构在无人工厂领域的CPS应用探索

目前,工业制造环境已逐步从中央工业控制转向分布式智能控制。大量传感器以令人难以置信的精度记录其环境,并作为独立于中心生产控制系统的嵌入式处理器系统做出自己的决定,唯一缺少的是集成的无线网络组件。它可以实现永久的信息交换,在复杂事件、临界状态和情景感知中综合不同传感器评估识别,并基于这些感知处理再开发进一步的行动计划。信息物理融合系统的应用,将通过数字化的方式逐步升级现有的生产设施,使生产系统能够实现新的架构。这意味着该系统将彻底改变传统制造业逻辑,从而打造一个新工厂。

信息物理融合系统及其在智能制造中的应用

信息物理融合系统(Cyber-Physical System,CPS)也称为"虚拟网络—实体物理"生产系统。CPS是一个多维的复杂系统,综合了计算、通信与物理系统,实现了三者的一体化设计,通过3C技术——Computation(计算机技术)、Communication(通信技术)和Control(控制技术)的有机融合与深度协作,针对大型工程系统进行实时感知、动态控制和信息服务。CPS系统把计算与通信深深地嵌入实物过程,使之与实物过程密切互动,从而给实物系统添加了新的能力;并且更加可靠、高效、实时协同,具有重要而广泛的应用前景。

CPS 系统主要分为传感层、网络层和控制层。传感层主要由传感器、控制器和收集器等设备组成。CPS 系统的工作原理：感知层主要是通过传感器收集环境的具体信息，并定期发送给服务器；服务器接收到数据后，进行相应的处理，然后将相应的信息返回给传感器，传感器接收到数据后需要进行相应的更改。网络层发挥桥梁作用连接信息世界和物理世界，实现数据传输，为系统提供实时网络服务，保证网络数据包的实时可靠性。控制层分析物理设备返回的数据，并将相应的结果返回给客户端，然后通过可视界面呈现给客户。

构成一个 CPS 系统除了时间这个维度外，还有两大类，一类是表示物理意义的各种维度，例如，机器、材料、工具、传感器、人员、环境等；另一类是表示信息的维度，例如，客户要求和信息、设计要求、工艺流程信息、资金、法律法规等。内容博大精深的 CPS 是一切智能系统的核心，不能正确并准确理解这个核心，就难以理解智能制造。因此，在我国推进智能制造的进程中，一定要重视 CPS 的核心作用。

中建钢构在无人工厂领域的 CPS 应用探索

中建钢构有限公司（以下简称"中建钢构"）是中国建筑股份有限公司旗下的大型全产业链钢结构专业集团企业，是国家高新技术企业。作为中国最大的钢结构产业集团，中建钢构迫切需要 CPS 平台系统来满足装配式建筑新材料高效率、大规模、个性化的生产需要。

中建钢构采用了中国电信 CPS 平台的架构。通过 CPS 平台，首先是实现了大规模个性化定制的新模式。其数字设计解决方案可以通过 CPS 平台直接交付工厂进行生产，从设计到操作和维护的整个过程都是可见的。其次是实施网络协同制造的新模式。充分利用人工智能技术实现总部智能决策和任务分配，协调五个制造基地的任务协调和过程控制，对供应商和客户设计的互动和进度进行跟踪，从而实现了设计、供应、制造和服务的并行组织和协作优化。CPS 平台帮助中建钢构初步实现了数据聚合、大数据存储、数据安全、工业数据清理和分析，以及工业数据展现和应用的能力。CPS 平台全面投产后，中建钢构的生产效率、运营成本、产品交付周期、产品缺陷率、单位产值能耗等各方面都将得到很好的改善。

中建钢构还在业财一体化、生产精益化、工厂智能化这三个方面开展信息化建设并取得了重大成果。以工厂智能为例，其成果为：中建钢构阳光二期智能制造项目位于广东省惠州市，规划总用地面积 500 亩，总投资 6 亿元。该项目将创建"中国建筑钢结构装配智能制造旗舰"，成为世界上第一条钢结构智能生产线；基于"数字化、信息化、智能化"的设计理念，充分利用工业无源光网络（PON）、智能生产信息系统、信息物理系统等平台（CPS）、大数据、云计算等先进技术，研发先进的高端数控机床和工业机器人设备、智能物流仓储设备、智能传感控制设备等先进的智能制造设备，建成一个集研发、设计于一体的全球领先的新型智能工厂；项目运用 DIS 数据集成服务的安全技术手段和统一数据规范，实现了 ERP、PLM、WMS、MES、SCADA 等异构系统的有效集成，为装配式建筑新材料数字化工厂的设备和业务数据互联互通提供了保障；该项目的预期目标是将生产效率提高 20%，将运营成本降低 20%，将产品设计周期缩短 30%，将产品缺陷率降低 20%，并将单位产品的能耗降低 10%。

在 2019 年 4 月 1 日出版的《信息物理系统（CPS）典型应用案例集》（由中国电子技术标准化研究院联合国内外优秀制造企业、供应商等共同编辑）中，中建钢构《在"无人工厂"领域的 CPS 应用探索》作为成功案例入选其中。

网络安全
——湘潭发电公司的网络安全措施与信息化管理

制造业在很大程度上受益于计算机网络技术的发展，与此同时计算机网络技术也对工厂的网络安全构成威胁。过去的制造业企业，工人们习惯于熟练的纸张安全表格等，现在的工人们则越来越依赖于计算机网络、自动化机器和无所不在的传感器，尤其是企业的技术人员，他们的工作就是将数字数据转换为物理组件。在制造过程中，数字化技术资料在支持产品设计、制造和服务的整个过程的同时，其在整个供应链中也是共享的，需要受到保护。不仅需要保护技术资源免受窃取，还要防止网络入侵破坏生产系统的安全性，以避免正常生产运营出现瘫痪。由此可见，网络安全对于制造企业尤其是智能制造的重要性。

网络安全及其在智能制造中的应用

所谓网络安全，指的是网络系统的硬件、软件及系统中的数据受到保护，不因偶然的或者恶意的原因而遭受到破坏、更改、泄露，系统能够连续可靠地正常运行，网络服务不中断。根据不同的环境和应用情况，可以分为不同的类型，主要有系统的安全、网络的安全、信息传播的安全和信息内容的安全。

网络安全的技术原理涉及安全策略、移动代码、指令保护、密码学、操作系统、软件工程和网络安全管理等内容。一般来说，专用的企业内部网与公用的外部互联网的隔离主要使用防火墙技术。"防火墙"是一种形象的说法，其实它是一种计算机硬件和软件的组合，使互联网与内部网之间建立起一个安全网关，从而保护内部网免受非法用户的侵入。能够完成防火墙工作的可以是简单的隐蔽路由器，隐蔽路由器也可以在互联网协议端口级上阻止网络间或主机间通信，起到一定的过滤作用。由于隐蔽路由器仅仅是对路由器的参数做些修改，因而也有人不把它归入防火墙一级的措施。与防火墙配合使用的安全技术还有数据加密技术，采用数据加密技术主要是为了提高信息系统及数据的安全性和保密性，防止秘密数据被外部破坏。

智能制造需要一个由物联网、分析技术、机器人技术、人工智能、先进材料和增强现实技术等先进技术构成的响应性供应网络，以此来实现量身定制的产品和服务。然而，伴随着许多潜在利益而来的日益严重的威胁是不容忽视的。当供应链、工厂、客户和业务连接起来时，网络风险就会变得更大，而且这种风险可能更深远。

为了避免上述情况的发生，有必要制订一个综合网络安全计划，以确保智能制造的网络安全。一般来说，综合网络安全计划包括了三个关键领域：一是数字供应网络。智能连接平台和设备可以用来创建一个数字供电网络（DSN），从价值链的各个点获取数据，并利用它通知其他方面，这样可以改进物资和货物的管理和流动，更有效地利用资源和更好地满足客户需求的供应。二是供应商处理。利用区块链技术建立一个共同的历史分类账目，可以建立信任和提高能见度，通过证明货物的真实性、为后勤目的跟踪货物的移动以及在处理召回或缺陷时更具体地按批次对产品进行分类，从而为买方和卖方提供保护。三是智能工厂。智能工厂中的连接通常是简化流程，操作更加顺畅和高效，但由于增加网络会引入各种暴露点，有可能被威胁行为者滥用。因此，需要通过纳入更强大、更安全的软件开发实践来生产安全增强的设备；或者采取综合方法，其方法包括建立安全体系、保护敏感数据这两个关键步骤。

湘潭发电公司的网络安全措施与信息化管理

湘潭发电公司长期以来一直高度重视安全生产工作，其通过一系列积极而富有成效的举措，稳步夯实了各项安全生产基础。该公司始终坚持"安全第一、预防为主、综合治理"的安全生产方针，采取事故案例警示教育、安全规章制度宣贯培训、安全专项活动、技术学习交流等多种形式的活动，提高全员综合素质，形成"学安全、用安全、守安全"的良好氛围；同时，严格执行各项安全生产规章制度和措施，认真开展安全隐患排查，加大现场违章作业的惩罚力度；还将设备定期检查、机组隐患排查与日常工作进行有机融合，结合机组大小修及安全生产整治专项行动，加强设备日常巡视、维护和消缺，提升检修现场安全文明生产水平和检修质量，确保机组安全、可靠、高效运行，为企业安全生产局面持续稳定提供保障。

2018年以来，该公司按上级要求制定了有关网络安全的"21个制度"，并将其贯穿该生产经营的各个方面。公司电力监控系统安全防护建设坚持"安全分区、网络专用、横向隔离、纵向认证"的基本策略，将该公司信息系统划分为生产控制大区和管理信息大区，通过不断优化安全防护装置的配置策略，提升安全防护装置的各项性能。目前该公司电力监控系统加密装置的密通率已达90%以上，极大地提高了安全防护性能。

网络攻击仿佛一场没有硝烟的战争，看似平和的表面下隐藏着巨大的破坏力。2019年6月3日，该公司燃管部负责人在接到公司控制部"HW2019"护网行动通知后高度重视，立即安排专人负责对部门所有办公计算机和"三大项目"网络计算机进行清查，严格执行护网要求。该部门所有人员紧锣密鼓地开始维护自己的工作计算机，安装360天擎软件、更改计算机名称、关闭远程设置、关闭文件共享、三大项目密码……不少人笑称，经过这次护网行动，自己的计算机水平都上了好几个台阶了；更有人说，每个平台的密码更改规则不同，我自己都快记不住了，赶紧拿个小本本记上！在相互调侃的同时，大家不时相互提醒"改密码了没？"，在欢愉的气氛中，大家齐心协力完成了护网任务，为燃管部所有办公计算机和"三大项目"网络建立起了坚固的壁垒。在完成护网工作任务后，燃管部定期安排人员对部门所有计算机进行检查，严厉杜绝使用计算机USB接口充电现象，严禁使用浏览器自动保存账号密码。经过护网行动后，大家使用工作计算机时虽然没有原来那么便捷了，但是在网络安全问题上，大家觉得辛苦点也是值得的！

无线传感网络
——中航力源智能生产线实现自动化和智能化

制造工厂布置的检测点越多,产生的数据量就越大,这些数据被无线传感器自动收集处理后,通过创建网络化的检测环境,许多处理过程可以做到更加高效、柔性和低成本。无线传感器成本低、体积小,它们分布在生产工厂里,允许对象注册它们的环境和无线通信;几种不同类型的传感器技术,如光电、压力、温度和红外传感器共同努力创建一个整体情况描述,感受目前环境发生的一切变化。在未来的工厂里,产品和生产设施将成为活跃的无线传感网络组件,而无线传感网络不仅控制着自己的生产和物流,还连接着互联网的网络空间与现实物理世界。

无线传感网络及其在智能制造中的应用

传感器网络是由本地传感器、通信媒介及中央通用数据处理设施组成的。而无线传感网络就是建立在这个概念之上的,只是无线传感网络允许传感器从所绑定的媒介中解放出来。这样的做法给传感器的安装定位提供了很大的自由度和灵活度,并赋予网络对监控功能精细调整的能力。

无线传感网络(Wireless Sensor Network,WSN)是由许多在空间分布的自动装置组成的一种无线通信计算机网络,这些装置利用传感器监控不同位置的物理或环境状况(如温度、声音、振动、压力、运动或污染物等），众多类型的传感器，可探测包括地震、电磁、温度、湿度、噪声、光强度、压力、土壤成分、移动物体的大小、速度和方向等周边环境中多种多样的现象。构成无线传感网络的3个要素是感应、通信和计算。

智能制造中的核心之一是工业过程的智能监测。将无线传感网络技术应用到智能监测中，将有助于工业生产过程中工艺的优化，同时也可以提高生产线过程检测、实时参数采集、生产设备监控、材料消耗监测的能力和水平，使生产过程的智能监控、智能控制、智能诊断、智能决策、智能维护水平不断提高。

中航力源智能生产线实现自动化和智能化

中航工业力源液压（苏州）有限公司（以下简称"中航力源"）早在2013年便开始了转型智能制造的探索之路，在苏州产业基地建立全自动化生产线。2014年12月1日，中航力源与元工国际顺利签约MES系统项目，项目包含生产主计划管理、BOM管理、APS、物料管理、质量管理、物流管理、仓储管理等模块。2015年5月，《中国制造2025》发布，6月，中航力源开始申报国家智能制造试点示范项目，并在当年成功入围全国首批46家智能制造试点示范企业。2016年2月，中航力源在苏州产业基地正式启动了我国第一条智能制造生产线建设项目，并于当年8月正式投入运营。

这条智能制造生产线将信息化技术和总体控制系统融合到液压泵核心零部件的制造过程中，包含了影像视觉识别、DNC程序智能管理、测量分拣输出、机器人三维模拟编程控制、加工数据可追溯性管理、产品全流程大数据控制管理等这些"高大上"的智能元素，初步实现了该零件制造生产自动化、数字化、智能化。同时，MES系统的运用，使生产线的管理实现了自动化和智能化。

通过建立无线物联网和传感器网络，这条智能制造生产线上的所有生产要素信息都被物联网系统所囊括,当生产线上的物料发生缺失时,通过传感器的网络可以即时将信息传达到中央控制室,通过即时的计算机数据分析处理,将工业生产线上的即时数据进行整理,并对于应即时处理的部分做出即时处理。

以前的生产线,设备利用率只有40%至60%,而这条智能制造生产线可达到85%以上。以前这样一条生产线,需要30名工人,而现在只需要5名核心人才在后台进行操作控制即可。以前产品的质量合不合格,需要人工去测量,而现在通过测量系统就可实现产品的自动测量,系统评价之后又会自动分拣、自动转移。此外,大数据的统计分析功能,可对制约产品品质、成本等因素进行精准分析。在这条生产线上,一种产品完成生产之后,系统会自动根据生产计划进行设备调整,可以快速切换到第二种产品的生产中。

智能制造生产线中每隔20米左右便设有一个Wi-Fi盒子,以保证数据网络的通畅高效。这个系统使用的MES无线传感网络控制系统是较为先进的控制网络,使整体系统更加稳定,对外通信接口较多,可以将更多的生产要素数据及时加入数据网络之中进行整体的分析。而工人在生产中作为一个对整体系统进行微调的角色,通过对参数的改变,可以实现改变生产结果的目的。

第四章

制造企业内部生产数据分析管理与行业数据分析

制造企业完成智能化转型之路,企业内部生产数据分析管理与行业数据分析都是必需的。对于企业内部生产过程中产生的数据进行详细的统计和分析,可以帮助企业领导者管理企业,因为企业领导都想知道在生产过程中发生了什么,这样才有助于诊断和解决问题。另外,对制造业的行业数据进行分析,有助于制造企业把握宏观动态与趋势,调整战略方向,确定经营重点,以适应环境需要,获得持续发展。

工业大数据的来源及大数据分析方法

工业大数据是互联网、大数据和工业产业结合的产物,是《中国制造2025》国家战略在企业的落脚点。对于企业而言,了解大数据的来源,理解工业大数据分析对生产的意义,这对顺利开展大数据管理具有很强的现实意义。

工业大数据的三个主要来源

数据来源于人类轨迹产生的数据,包括在现代工业制造链中,从采购、生产、物流与销售市场的内部流程以及外部互联网讯息等,都是数据的战场。工业大数据具体来源如下:

一是与业务相关的业务数据。传统企业在信息化过程中,数据被收集并存储在企业信息系统中,包括传统的工业设计和制造软件、企业资源计划(ERP)、产品生命周期管理(PLM)、供应链管理(SCM)、客户关系管理(CRM)和环境管理系统(EMS)。通过这些信息系统,企业积累了大量的产品开发数据、生产数据、经营数据,以及客户信息数据、物流供应数据和环境数据等。

二是设备物联数据。设备物联数据主要是指物联网运行模式下的工业生产设备和目标产品,实时收集数据,包括操作和运行条件、工况状态、环境参数等,反映设备和产品的运行状态。这类数据是工业大数据的一种新的快速增长的来源。从狭义上讲,工业大数据指的是这样的数据,即工业设备和产品快速生成的大量数据，并且存在时间序列差异。

三是外部数据。外部数据指的是与生产活动和工业企业产品相关的企业的外部互联网数据。例如，评估企业环境绩效的环境法规，以及宏观社会经济和经济数据预测产品市场。

工业大数据分析方法

从工厂的生产中，我们可以实时采集到海量的流程、变量、测量结果等数据。这些数据都是制造环境中的设备或资产连接后所产生的，但基于大量数据的报表或基础统计的分析并不足以称为制造业的大数据分析。事实上，制造业大数据分析不仅意味着数据的量，而且包含了诸如速度、多样性等多重含义，这些都呈现了大数据不断增长的复杂性，大数据分析可以说是决定最终信息是否有价值的决定性因素。大数据分析普遍使用的方法如下：

（1）可视化分析：大数据分析的使用者最基本的要求就是可视化分析，因为可视化分析能够直观地呈现大数据特点，同时能够非常容易被读者所接受，就如同看图说话一样简单明了。

（2）数据挖掘算法：大数据分析的理论核心是数据挖掘算法。各种数据挖掘算法基于不同的数据类型和格式，并且可以更快地处理大数据，这样才能更科学地呈现数据本身的特征。而这些算法也得到了全世界统计学家的认可，从而使各种统计方法可以渗透到数据中并发现数据公认的价值。

（3）预测分析能力：预测性分析是大数据分析最重要的应用领域之一。从大数据中挖掘出特点，通过科学的建立模型，之后便可以通过模型代入新的数据，从而预测未来的数据。

（4）语义引擎：大数据分析广泛应用于网络数据挖掘，可从用户的搜索关键词、标签关键词或其他输入语义，来分析、判断用户的需求，从而实现更好的用户体验和广告匹配。

（5）数据质量和数据管理：大数据分析离不开数据质量和数据管理，高质量的数据和有效的数据管理，无论是在学术研究还是在商业应用领域，都能够保证分析结果的真实和有价值。

上述方法是大数据分析的基本方法。与传统数据相比，工业大数据在真实性、实时性、可靠性和完整性上都有更高的要求，数据转换格式、数据运行状态等都更加复杂。制造企业依托大数据分析，可以协助企业做好风险控制，降低投资，降低操作维护成本，从而实现智能制造。

生产制造企业为什么要管理生产数据

"大数据"是一个体量特别大、数据类别特别大的数据集,并且这样的数据集无法用传统数据库工具对其内容进行抓取、管理和处理。传统制造企业历来都是通过手工报表的形式来提交、处理数据,所以数据基础薄弱。如果通过数据库来处理生产制造过程中生产的数据,可以使数据顺畅地流通而产生有效价值,也就是能让企业管理者知道在生产过程中发生了什么,这样有助于帮助诊断和解决问题。因此,传统制造企业要实现数字化转型,就要提升数据分析能力,建立起适合企业实际情况的数据库,将生产管理过程中的数据进行详细的统计和分析来帮助领导者管理企业。

具体来说,生产制造企业管理生产数据的作用和意义体现在以下几个方面。

提高产品生产效率,需要管理生产数据

在制造行业,生产效率的重要性不言而喻,其直接与企业的产值、利润、竞争力挂钩。在很多制造业企业中,不同车间、小组、工人的生产效率、材料损耗、产品良率都存在相当大的差别,例如,有些车间在生产条件类似的前提下,产品良率明显偏低,或是材料损耗率显著偏高,这显然会给生产带来很大的负面影响。

根据经验,按周提交的数据报表有助于解决上述问题,但数据报表存

在的一个突出问题在于，报表统计很难对不同数据进行关联分析。例如，在发现某一周某车间的生产效率明显下降之后，很难通过数据报表找出原因，比如究竟是因为员工效率下降、产线调整还是其他什么原因。而且这些数据报表没法做到实时生成与变动，管理者总是处于被动等待数据的状态。通过部署数据库，这一问题则可以得到有效解决。

数据库的最大功能就是实时展示生产中的各项数据，并通过数据下钻（数据库专用名词。即从当前数据往下展开下一层数据，比如某数据的分类下面分为品名，从分类列表展开到品名列表），精准地定位问题的所在。例如，企业在发现某天生产效率显著偏低，数据下钻后发现是某一生产小组生产状况异常，导致整个产线都受到影响，进一步数据下钻后发现，是因为某关键材料的供货不足，在发现这个问题之后，则可迅速调整生产计划，让这个本来可能需要耗费很长时间才能解决的问题在极短的时间就可以得到解决。

让企业管理更加科学，需要管理生产数据

在相当长的一段时间内，传统制造企业在管理决策方面都是处于"拍脑袋"的状态。虽然财务、人力各个部门也会提交一些表单，但是这些表单基本都是按照各个应用系统来划分的，比如ERP系统一个表、OA系统一个表、MES系统一个表……这些表的数据太过琐碎，管理者由于时间与精力有限，基本上不可能认真阅读每一个表单。对于这些问题，数据库也可以予以解决。

数据库可以打通企业各个部门的"数据孤岛"，将各部门数据整合到数据仓库之中。然后建立财务、人力等各个部门的数据看板，将各类的数据报表都整合在一起，这样动动手指即可进行相互切换，不仅节省了时间，而且还可以实现不同数据的关联分析，决策也会变得更加科学。

例如，企业管理者发现在某段时间公司的离职率在短期内快速升高，通过数据库的数据下钻后发现是某生产创新部门的人员有了大量流失。于是，管理者借助数据库对人力资源数据与财务数据、外部数据进行了联动分析，发现在这段时间内，市场对于该类型人才的需求量大增，市场平均薪资已经大幅高于该部门人均薪资。因此，企业决策者紧急提高了工资与福利水平，避免了人才的持续流失。

"解放"IT部门，需要管理生产数据

传统制造企业主要是通过报表的方式支撑业务数据的采集与分析。由于有的企业IT部门规模不大，而且还负责网络运行维护、IT设备采购等主要任务，所以数据报表的制作经常给IT人员带来额外的工作。特别是在月末、季度末等需要进行汇报的时候，繁杂的数据统计与报表制作事项让IT部门的加班成为常事。

企业要进行数字化转型，决策层要制定相应的人工智能、大数据等创新技术应用规划，各种新型的应用系统也将等待上线。但是由于被数据报表的低效工作束缚，IT部门无法做到"轻装上阵"，很难有精力投入真正有创新性、前瞻性的IT创新之中，数字化能力无法充分赋能企业发展。

部署数据库之后，这一问题将迎刃而解。IT人员只需要将自己的部门数据接入数据库之中，在根据业务需要配置好数据看板之后，数据库经过数据挖掘的算法，就能根据IT部门的业务数据实时地进行分析并生成相关的数据报表，使IT人员的数据分析工作负荷大大降低。IT人员的生产力得到解放之后，可以将更多的精力投入业务创新等真正有价值的地方。

| 智能制造：新技术、新商业、新管理颠覆产业发展

大数据分析助力制造业竞争力提高

为了增强行业竞争力，在不确定的环境中做得更好，制造企业必须寻找新的方法来提高其运营的生产力和盈利能力。大数据分析既可以帮助制造企业改进战略决策，也可以有效改善生产过程的运营管理，提高生产质量和效率。

利用大数据分析工具改进战略决策

大数据分析可帮助制造企业制定战略决策。企业可以选择各种大数据分析工具，包括数据清理工具、分析工具、数据挖掘工具、数据映射工具、数据分析平台、数据可视化资源、数据监控解决方案等，其中，主要针对宏观市场环境进行分析的 PEST 分析模型是比较常用的工具。在这个过程中，如何将正确的工具结合起来以获得正确的结果是至关重要的一步。

新的生产决策手段是"用数据说话"

随着企业发展规模的不断壮大，在激烈的市场竞争环境下，要想取得辉煌的业绩和高速的发展，取决于领导层的决策。然而，在这竞争与机遇并存的数字信息化时代下，传统意义上的管理分析和决策手段发生了微妙的变化，已经不能再靠旧的思维模式去做决策。因此，新的决策手段就是"用数据说话"。

例如，现场的数据如不良品信息及相关的产品数据等能否实时采集

到，是当前企业面临的一个大难题；如何实现高效率、简洁、实时的数据采集，是当前制造业急需解决的问题。MES 系统中的数据采集则能够保证信息集成化的实施。MES 系统与上层 ERP 企业资源规划和底层 PCS 过程控制系统一起构成企业的神经系统，可以在上、下两个层次之间进行信息的传递，它既能够把业务计划指令传达到生产现场，同时也能将生产现场的信息及时收集、上传和处理。要开展好车间数据分析工作，首先就要明确各相关部门的职责，把生产车间的信息收集、统计分析工作作为一个"过程"进行管理，以此推动整个管理体系的持续改进。

预测性维护延长设备寿命并确保高效运营

制造企业许多先进设备中包含了各种传感器和连接设备，制造企业可以使用大数据分析中的算法，在出现问题之前发现问题，并在问题变得更加棘手之前解决。这种预测性维护可以为制造商节省大量资金，能够延长设备寿命并确保高效运营。

例如，对于生产线突然停机问题，有了由大数据驱动的系统后，这些制造企业可以大大减少停机时间并确保最大的生产力。除了提高利润外，减少停机时间还可提高运营效率，减轻压力，增强品牌忠诚度，并实现创新和创造。

定制产品设计助力精益生产

某轴承生产公司使用大数据来分析回头客的行为，根据分析结果来决定如何通过及时和有利可图的方式交付货物。通过大数据分析，公司加快了转向精益生产的步伐，确定哪些轴承可行，哪些轴承需要报废。

管理供应链风险，确保生产不中断

有一家制造企业，无论自己的供应链中发生了什么，它都使用大数据来降低原材料交付的风险。利用大数据分析，这家企业在地图上标出各种潜在数据，用分析结果来识别备份供应商并制订应急计划，以确保生产不会因突发情况而中断。

  总之，大数据分析正在改变制造企业的想法，这对于多年来一直收集数据但未能使用数据的制造企业而言，可以说既令人兴奋又令人生畏。但是，一旦这样的制造企业克服了最初的挑战，就会捕捉到增长和进步的巨大机会。

几种常见的工业大数据分析模型简介

大数据的特点是数量大、速度快、类型多、价值高、够真实，因此围绕大数据的商业价值的利用逐渐成为行业人士争相追捧的利润焦点。要进行一次完整的数据分析，首先要明确数据分析思路，如从哪几个方面开展数据分析？各方面都包含什么内容或指标？给出分析工作的宏观框架，根据框架中包含的内容，再运用具体的分析方法进行分析。

大数据分析有许多模型。下面简单介绍六种与工业大数据分析关联性较强的分析模型。各个模型的应用场景根据数据分析所选取的指标不同也有所区别。

PEST 分析模型

PEST 分析模型主要分析宏观市场环境，从政治、经济、社会和技术四个维度分析产品或服务是否适合进入市场进行数据分析，最后得出结论，以帮助判断产品或服务是否能够满足大环境。

政治环境包括一个国家的社会制度、执政党性质，以及政府的方针、政策、法令等。不同的政治环境对行业发展有不同的影响。主要分析指标包括政治体制、经济体制、财政政策、税收政策、产业政策、投资政策、专利数量、国防开支水平、政府补贴水平、民众对政治的参与度等。

经济环境有宏观和微观两个方面。宏观方面包括一个国家国民收入，国民生产总值以及变化情况，以通过这些指标反映国民经济发展水平和发展速度。微观方面包括企业所在地区的消费者收入水平、消费偏好、储蓄情况、就业程度等因素，这些因素决定着企业目前以及未来的市场规模大小。经济环境的主要分析指标包括GDP及增长率、进出口总额及增长率、利率、汇率、通货膨胀率、消费价格指数、居民可支配收入、失业率、劳动生产率等。

社会环境包括一个国家或地区的居民的教育水平和文化水平、宗教信仰、习俗、审美观点、价值观等。文化水平反映居民的需求层次，宗教信仰和风俗习惯将禁止或抵制某些活动的进展，价值观将影响居民对组织目标和组织活动的认可，审美观会影响人们对组织活动方式及活动结果的态度。主要分析指标包括人口规模、性别比例、年龄结构、出生率、死亡率、种族结构、妇女生育率、生活方式、购买习惯、教育状况、城市特征和宗教信仰等。

技术环境是与企业所在领域直接相关的技术手段的发展状况，包括国家对科技发展的投资和支持重点，技术发展动态和该领域的总研发成本，技术转让和技术商业化的速度、专利及其保护。技术环境的主要分析指标包括新技术的发明和进展、折旧和报废速度、技术更新速度、技术传播速度、技术商业化速度、国家重点支持项目、国家研发投入费用、专利数量和专利保护情况等。

逻辑树分析模型

逻辑树分析模型主要分析已知问题，并通过对已知问题的详细分析来找到问题的最优解。方法是将问题的所有子问题分层，从最高级别开始逐步向下扩展。所谓的逻辑树是将已知问题视为树干，考虑哪个问题与这个问题有关，将相关问题作为树枝添加到树干等，将问题扩展成为一个"问题树"。

逻辑树分析模型可以确保问题解决过程的完整性，将工作细化为易于操作的具体任务,确定每个部分的优先级,并阐明对个人的责任。这种分析方法需要遵循三个原则:要素化,即将相同的问题总结为要素;框架化,即将每个要素都纳入框架,并且做到不重复不遗漏;关联化,即框架中的各个要素很简单但并不是孤立的,它们是相互关联的。

4P 营销理论模型

4P 营销理论模型主要用于公司或其中某一个产品线的整体运营情况分析,通过分析结论,辅助决策近期运营计划与方案。

4P 营销理论模型包括产品、价格、渠道、促销四个要素。产品指的是能提供给市场,被人们使用和消费并满足人们某种需求的任何东西,包括有形产品、服务、人员、组织、观念和它们的组合。价格即购买产品时的价格,包括基本价格、折扣价格、支付期限等。影响价格的主要因素有需求、成本和竞争。渠道指的是产品从生产企业流转到用户手上全过程所经历的各个环节。促销即企业通过销售行为的改变来激励用户消费,以短期的行为促进消费的增长,吸引其他品牌用户或导致提前消费来促进销售增长。

用户行为模型

行为事件分析法具有强大的筛选、分组和聚合能力,逻辑清晰且使用简单,已被广泛应用。

用户行为或业务流程由企业跟踪或记录,包括用户注册、浏览产品详细信息页面、成功投资、提款等,通过调查与这些行为事件相关的所有因素,探索用户行为事件背后的原因和交互影响,从而了解到某行为事件发生后对企业组织价值的影响及影响程度。

一般来说,用户行为跟踪是认知→熟悉→试用→使用→忠诚度。在日常工作中,运营、市场、产品方面的数据分析师根据实际工作情况关注不同的事件指标。例如，哪个渠道的用户在过去 3 个月中注册最多？趋势是什么？每个时期的人均充值金额是多少？行为事件分析在审查这些指标的过程中发挥着重要作用。

漏斗分析模型

漏斗分析模型是一组过程分析模型，从头到尾地反映用户行为状态和用户转换率。所谓漏斗，是因为用户（或流量）集中在某个功能点（这可以根据业务需求设置），并且可以通过产品本身设置的过程完成。

该模型被广泛用于日常数据操作中。例如，在一款产品服务平台中，直播用户从激活 App 开始到花费，一般的用户购物路径为激活 App →注册账号→进入直播间→互动行为→礼物花费这五个阶段，通过漏斗各环节相关数据的比较，能够直观地展现出各个阶段的转化率，并发现和说明问题所在，从而找到优化方向。对于业务流程相对规范、周期较长、环节较多的流程分析，也能够直观地发现和说明问题所在。

归因模型

归因模型，更准确的描述其实是一种既定的规则，我们需要根据产品的实际需求，将达成目标（形成转化）之前的功劳根据设定的权重分配给每一个转化节点。产品形成一次转化，用户可能要经历很多个转化节点。因为转化并不一定是只完成销售，一次注册也可以看作一次转化，一次访问也可以看作一次转化，要根据业务实际需求情况制定。

归因模型在使用过程中通常分为以下几类：一是产品情景描述。用户在百度上搜索一个关键词，点进了另一个网站之后放弃继续搜索。过了几天他又在脸谱网上看到了这个关键词的广告，随后他点击了广告最终完成购买。二是最终互动模型。最后一个节点将被分配百分之百的功劳，那么脸谱网上的广告获得百分之百的功劳。三是首次互动模型。用户首先在百度进行关键词搜索，那么百度将被分配百分之百的功劳。四是线性归因模型。用户从开始搜索到转化，共经历了 3 个渠道或者说节点，那么每一个节点将被平均授予 33.3% 的功劳。五是时间衰退归因模型。用户在百度搜索和访问了另一个网站是几天之前的事情，那么这两个渠道因为时间经历比较长的原因将被分配较低的功劳（如各 20%），脸谱网则将被分配相对较高的功劳（60%）。

当然，实际的业务流程和渠道转换过程不会像上面描述的那样简单，我们也可以根据需求自行定义。归因模型的意义在于找到真正有利于产品当前阶段发展的渠道并扩大优势。不过它是具有时效性的，这意味着归因模型的不同阶段的结果可能不同。

最后要强调的是，模型只是前人总结出的方式方法，对于我们实际工作中解决问题会有引导作用，但是不可否认，具体问题还要具体分析，针对不同的情况需要进行不同的改进。成为一个数据专家，最重要的一点还是多实践。

第五章

分析智能制造应用场景和需求：
三类应用场景，网络通信和信息化需求

智能制造中的通信网络需要一张无所不在的宽带网络，把人、物、数据、流程全部连接起来，网络通信在智能制造中的应用场景主要包含广域应用场景、工厂级应用场景和现场级应用场景三类。此外，智能制造对网络通信和信息化也提出了需求，网络通信必须适应恶劣的工业现场环境，信息化则要求实现生产过程可视化、移动应用、工业云、工业大数据等的应用。

智能制造广域应用场景：
多工厂之间的网络通信和应用

广域应用主要指跨域的多工厂之间的网络通信和应用，其具体的应用场景主要包括企业之间的物流，同时还包括客户与客户之间的互动以及制造企业之间的协同设计。

智能工厂通信网络概况

智能制造技术是信息技术与智能技术、设备制造过程技术的深度集成和整合。建立在信息技术、现代传感技术、自动控制技术、机器人技术、计算机集成技术等先进技术之上的智能制造技术，通过智能传感、人机交互、决策和执行技术，实现了设计过程、制造过程和制造设备的智能化。在智能制造过程中，通信技术作为各种先进技术的基础，可以实现智能制造的数据采集、传输、处理和应用。

智能工厂的信息处理技术可分为两层，包括上层的应用服务网络和底层的工业控制网络。应用服务网络是企业的核心资源网络，包括企业核心应用资源，如OA、ERP、MES，以及利用相关资源的工作站，这些核心应用资源全部运行在应用服务网络上。工业控制网络是指连接现场设备的通用总线通信网络，实现测控与设备之间的双向串行多节点的数字通信技术。

应用服务网络和工控网络通过网络集成技术，把生产过程中的各种状态反馈到应用服务网络中的应用系统中。应用系统会根据相应的企业资源对工控网络上传系统的各项数据做出分析判断，从而形成一套闭环的数据系统。

广域通信方式及其功能

现在多工厂之间的广域通信一般采用互联网、专线网络或VPN虚拟专网的方式。因为各工厂的生产形态可能不一样、生产线不同、管理方法不同，所以在每个工厂之间用专线或VPN方式连接，其优点在于运行维护相对简单，由IT专业人员对服务器、数据库、系统做运维，就能保证系统的稳定；同时，这种分布式部署可极大地降低服务器问题导致的停线，一旦服务器、系统或网络有问题，也仅仅是一个工厂出现异常。

通过广域通信将生产线和辅助配套设备与供应商互联起来，各方能洞察相互之间的依赖关系、物料流动和制造周期。支持位置跟踪、远程监控资产运行状况、报告流经供应链的零件和产品的情况等诸多功能。以汽车整机厂和周边汽车零配件分厂为例，广域网络通信建立之后，通过汽车整机厂和汽车零配件分厂之间的供应链协作系统，整机厂供应链管理人员可以通过计算机或手机远程访问分厂的供应计划，分厂供应链管理人员也可以通过计算机或手机远程访问整机厂的需求计划。

最后要提请注意的是，稳定、快速、可控的工厂通信网络是实现智能工厂最基础、最底层，也是最为重要的一个环节，提升智能工厂通信网络的设计、安装、使用水平直接关系到智能工厂的成败。因此，在智能工厂建设过程中，一定要注重通过通信网络把工程软硬件环节合理、安全地沟通起来。

智能制造工厂级应用场景：
工厂生产和办公管理的应用

工厂级应用主要指智能技术在工厂的生产管理和办公管理上的应用，智能技术主要包括企业OA、MES、ERP、CRM等应用系统，以及移动办公或管理应用、安全管理应用如视频监控和巡检等、节能管理、集群通信、厂区内智能物料配送和运输等。下面主要介绍一下企业OA、MES、ERP、CRM这几个系统。

工厂级应用中的企业OA系统

OA系统是一个处理内部办公工作，帮助企业管理，提高管理和业务效率的系统。OA的使用是移动互联网发展的趋势，也是解决企业内部有效沟通，提高工作效率，促进企业经济发展的有效手段。

OA系统的功能主要分为：信息发布平台，包括公告栏、通知、新闻等功能；行政办公管理平台，包括会议管理、办公用品管理、车辆管理、固定资产管理等功能；文档规范化管理，主要是管理公司知识库、文档库和产品库；工作流程自动化是OA系统的核心，可以帮助企业搭建工作流，让办公流程更加规范化，提高流程流转、工作流审批更规范更安全；人力资源管理平台，具有人事档案、绩效考核、考勤管理等功能。OA系统的应用场景包括有效沟通协作、资源文档共享、会议有效开展等，从而实现无纸化办公。

第五章　分析智能制造应用场景和需求：三类应用场景，网络通信和信息化需求

工厂级应用中的 MES 系统

MES 系统可称为智能制造的"神经中枢"，是智能工厂改造的核心软件之一。MES 系统主要负责工厂的生产管理和调度执行，强调工厂级的过程集成、控制和监控，以及合理地配置和组织所有资源，满足工厂信息化需要，提高工厂对随机事件的快速响应和处理能力，有力地促进企业信息化进程向工厂层拓展。通过构建以"精益生产、智能制造"为特点的车间管理系统，建立数字化工厂，从而实现了精益生产和智能制造。

工厂级应用中的 ERP 系统

ERP 系统是为企业决策层及员工提供决策运行手段的管理平台，主要体现在管理整个供应链资源、精益生产、事先计划与事中控制三个方面。其最大的特点就是整合性，把仓库的进销存、生产的物料需求、销售、采购的往来、维护与客户、供应商的关系、企业的固定资产以及员工都整合起来融为一体。所以，ERP 系统是所有制造企业信息化的必然选择。

现实中，很多小工厂客户量很少，只有几个，产品也只有几种，物料品种也不多，生产销售一直很稳定。对于这样的小工厂来说，对 ERP 信息化这一块的要求其实不高。但在长期经营到一定程度时，必然会发展壮大并且开始转型，这时候的企业对工厂 ERP 信息化的需求就显而易见了。因此，小工厂可在不断发展的前提下用一些国内的工厂 ERP 系统软件来辅助公司业务发展。

工厂级应用中的 CRM 系统

CRM 系统是指利用软件、硬件和网络技术，为企业建立一个客户信息收集、管理、分析和利用的信息系统。该系统以客户数据的管理为核心，记录企业在市场营销和销售过程中和客户发生的各种交互行为，以及各类有关活动的状态，提供各类数据模型，为后期的分析和决策提供支持。其主要应用场景是：维护老客户，寻找新客户；避免客户资源过于分散引起的客户流失；提高客户忠诚度和满意度；降低营销成本；实时掌握销售人员工作状态。

智能制造现场级应用场景：
生产线现场的管理与监控

现场级应用主要指生产线现场的生产过程管理、现场监控和控制等，其典型应用场景主要是通过对现场级应用场景分析，实现生产线现场的有效管理与监控。

现场级应用场景分析的总体要求

对现场级应用场景进行分析主要是针对智能工厂生产过程的数据采集及分析，其总体要求是：实现生产过程、设备、资源监控的可操作和可视化；要能支持采集不同现场设备数据的要求，支持将生产数据及设备故障信息显示在监控站的屏幕上，实现生产过程的动态监控与管理；实现智能设备、机器人和生产线、用户全流程互联对话，实现人机、机机互联下的高品质、高效、柔性自动化生产等。

通过分析实现有效管理和监控

现场分析主要指的是在现场生产过程中的监控、管理以及控制等。分析现场级应用场景时要对整个生产过程进行管理，以保证可实现生产线机器人与智能设备之间的对话，同时还可以保证企业在机机互联及人机互联下进行高效的生产。此外，分析现场级应用场景时还要负责对生产时相关数据的采集及对其进行监控，保证整个生产过程的透明化，也方便企业及时发现生产过程中产生的任何问题。

智能制造网络通信需求：
业务弹性叠加、带宽弹性扩容等

智能制造网络通信必须适应恶劣的工业现场环境，具有较强的抗干扰能力，实时通信等特性，为关键任务提供最低性能保障服务，保证整个工业控制系统的性能。

传统基础网络部署模式及其局限性

制造企业的传统网络部署模式是以以太网或以太局域网 LAN+Wife 的形式覆盖的。这种部署存在一些局限性：首先，带宽不足，这是智能制造的瓶颈。随着联网设备的快速增长，数据采集率的提高和承载业务的多样化，对网络带宽提出了很高的要求。其次，灵活的部署能力不足，网络组网灵活性差，抗干扰性差。最后，由于 Wife 网络缺乏统一的管理平台，因而网络覆盖不全面，网络信号不稳定，无法保证安全。

智能制造对工厂网络通信的新要求

智能制造要求将企业的生产过程中的控制、运行、管理、办公进行统一的控制和管理，办公网络和生产网络能够安全地逻辑隔离，同时要实现有机互联，这就对工厂的网络通信提出了新的要求。一是弹性叠加业务，如视频、上网、专线等，业务要具有多样性。二是扩展带宽灵活性。要具备多种高带宽接入功能，并且能够动态调整。三是多层次的开放性。灵活响应访问方法、访问位置，以及访问终端的可变性。四是有线和无线的综合调度通信功能。支持工业控制网络的各种通信接口，如RS232、RS485、CAN总线等。五是具有良好的反应与实时性。工业控制网络不仅要求传输速度快，而且要求快速响应，即响应实时性更好。六是容错要求。在网络的本地链路发生故障的情况下，可以在短时间内重新建立新的网络链路。

第五章 分析智能制造应用场景和需求：三类应用场景，网络通信和信息化需求

智能制造信息化应用升级需求：可视化、移动应用、工业云等

除了现有的办公管理和生产管理的办公 OA、ERP、SCR、CRM 等信息化应用外，智能制造还提出了许多新的信息化应用，如生产过程可视化管理、移动应用、工业云、工业大数据等新的信息化应用需求。

生产过程可视化管理需求

可视化管理是生产过程中不可或缺的基础之一。可视化管理要求生产过程以物理对象、图例、表格和生产记录的形式进行清晰显示，以便管理人员和操作人员能够经常记住影响质量、成本和交付的各种因素。这些因素包括公司总体战略的呈现、生产绩效数据、最近员工提案清单等。

移动应用需求

智能制造信息化应用升级少不了移动通信的应用，移动通信可以支持移动办公和移动管理，实现管理人员在生产一线现场办公或管理。比如，工作人员只需在手机或计算机就可以对设备进行及时操控，及时了解设备的运转性能，以及相关要害数据的趋势等，从而削减故障停机时间。

工业云需求

工业云是制造企业智能化转型、推动智能制造发展的重要抓手。工业云可以支持远程协同设计、远程供应链协作、客户互动等应用场景，并能

够支持 IT 系统云化功能。

工业大数据需求

智能制造离不开工业大数据。在智能制造时代，制造企业通过内嵌在产品中的传感器获得数据。通过采集现有工厂设计、工艺、制造、管理、监测、物流等环节的数据，能够实现生产的智能管理与决策。

分析后市场服务需求

什么是后市场？享有国际声誉的社会批评家杰里米·里夫金在其所著的《工作的终结：后市场时代的来临》一书中称："我们正在进入一个历史的新阶段——一个以工作不断地和不可避免地减少为特点的新阶段。"其实，所谓的工作减少是工作本身的减少，但是服务不能减少。因此，我们可以将"后市场"理解为：产品售后服务的利润要大于产品本身的利润，可见服务的重要性。

制造行业整体上需要以拓展后市场服务作为新业务增长点，如产品远程诊断和维护、客户 360 度交互、向电子商务转型等。事实上，制造企业的后市场服务需求日渐强烈，而这就需要合理地去分配和规划后市场，其中有很多环节值得我们去思考。

第六章

制订智能制造整体解决方案：
网络架构、网络技术、工业云平台、
智能产品技术

一个完善的智能制造整体解决方案，应该包括四个方面的内容，即具有互联与协同功能的工业互联网整体架构，能够实现智能工厂的互联和信息安全保障的生产智能化网络技术，具备提供工业协同服务能力的工业云平台，能够提供远程智能服务的智能产品运行监控分析技术。

工业互联网整体架构：发挥互联与协同功能

工业互联网即"工业"与"互联网"的结合。工业互联网是面向制造业的数字化、网络化、智能化转型的需求，构建海量数据的采集、汇聚、分析的一套体系，支撑制造资源的泛在连接、弹性供给、高效配置的云平台。其本质是通过构建精准、实时、高效的数据采集互联体系，建立面向工业大数据存储、集成、访问、分析、管理的开发环境和应用环境，支撑工业技术、经验、知识模型化、软件化、复用化，以数据的有序自动流动解决复杂制造系统面临的不确定性，不断优化研发设计、生产制造、运营管理进而提高资源配置效率，形成资源富集、多方参与、合作共赢、协同演进的制造业生态。

工业互联网整体架构是工业互联网的顶层设计，是对工业互联网重大需求、核心功能、关键要素的明晰和界定。因此，工业互联网的整体架构应该包括工业智能网络、工业大数据采集与数据分析、安全性这三个关键方面，这样才能充分发挥工业互联网的互联与协同功能。

工业智能网络

工业智能网络包括工业通信网络、LTE 园区网络和物联网。其中，工业通信网络整体控制和管理生产过程、运行和管理，促进信息化和产业化的深度整合；LTE 园区网可以实现园区内 4G 无线接入业务的数据的本地分配，以及园区外通过 VPN 完成企业数据的分离；物联网可以实现智能设备和智能产品的数据采集和远程监控服务。

工业大数据收集和数据分析

大数据的本质是创造以前通过数据收集和分析无法获得的新价值。具体来说，通过生产设备和智能产品的数据采集，将生产和产品使用过程中的工艺、材料、制造、管理、服务和其他过程的数据进行数据分析，实现生产智能管理和决策分析、产品智能服务和维护，为智能制造公司和应用程序开发人员提供开放式数据服务。

安全性

安全性是工业互联网架构可靠、平稳运行的全面保障基础。首先是数据访问的安全性。一方面，边缘侧数据出口通过工业防火墙技术和工业网闸技术保证了数据源的安全；另一方面，在数据传输过程中采用加密隧道传输技术，以防止数据泄露、拦截或篡改。

其次是访问的安全性。根据不同的用户及其类别，可以限制用户的访问权限，建立统一的访问机制，防止非法访问，提供统一的身份认证机制，从而防止未经授权使用资源以及未经授权披露或修改数据的情况发生。

生产智能化网络技术：
智能工厂的互联和信息安全保障

生产智能化网络主要是指智能工厂车间级工业通信网络，实现智能工厂内部整套装备系统、生产线、设施与移动操作终端泛在互联、车间互联和信息安全保障。主要包括工业 PON 和 LTE 园区网络两种技术。

工业 PON 方案

工业 PON 是应用于工业环境的全光 PON 网络系统，是采用光纤传输技术的接入网，泛指端局或远端模块与用户之间采用光纤作为传输媒体的系统。工业 PON 的特点和优势：一是用于智能车间设备承载，用于车间的各类固定生产设备联网，有效解决不同接口、不同协议的设备互联和统一数据采集及控制。二是提升网络车间生产线已有信息化网络，辅助设备及业务需要扩充网络容量，快速改造升级老网络，节省投资。三是多业务承载能力强。可方便叠加 Wi-Fi、微基站，开通企业调度电话、园区 LTE 网络。四是多业务应用和安全需要，如"能源管理""视频安防""移动办公""移动 MES""无线 AGV"等业务部署，需要对多种应用进行网络安全隔离（物理及逻辑双重）。五是工业 PON 无源设备和扁平结构，具有部署方便、组网灵活、易于扩展和高可靠性等特点。

采用工业 PON 方案，可以将企业生产过程的控制、运行、管理作为一个整体进行控制与管理，促进信息化和工业化的深度融合。

第六章 制订智能制造整体解决方案：网络架构、网络技术、工业云平台、智能产品技术

中国联通针对新建园区、厂房，及原有厂房的升级换代等，为工业园区、企业提供了工业 PON 解决方案。该解决方案应用于制造领域的数据采集、监测、生产控制等场景，可实现制造企业人、机、料、环、法一体化管理，完成生产设备、物流仓储、辅料、工具以及车间级、工厂级各信息系统的有机连接，形成智能制造信息网络系统，为制造企业构建自动化、信息化、数字化、智能化的工业互联网基础网络助力。目前，该解决方案已经成为工业级网络连接的优选方案。

LTE 园区网络方案

LTE 园区网络方案是本地 IP 接入技术，即工业园基站 HeNB 接入（卸载）工业企业网的数据流量，在 LTE 工业园区和校园外实现 4G 无线接入，并通过移动 VPDN 完成企业数据的分离。LTE 园区网解决方案的优势在于：第一，运营商拥有 FD-LTE/TD-LTE 无线频谱资源；第二，工厂内无缝接入 4G 网络；第三，满足两个或多个区域之间的无线专用网访问；第四，在园区内本地分流 4G 业务数据，确保数据信道和数据本身的安全；第五，可以统一接入管理平台。

大唐移动研制开发的 Smart LTE 无线专网解决方案及产品的最大特点在于针对行业特点的定制化改造：为满足各类行业客户不同的应用模式，大唐移动从频段及产品形态着手，开发了 400M、1.4G、1.8G 等多频段，以及双通道、八通道多形态的无线专网基站产品；针对不同行业客户的应用环境和使用习惯，对终端进行本安型、防爆型改制；同时，还为行业用户数据承载、视频监控等丰富业务需求，提供各类数据传送终端和物联网终端，为行业客户量体裁衣，提供最贴合用户实际需求、性价比最高的行业通信解决方案。目前，该解决方案及系列化产品已成功商用于矿山、电力、石油、轨道交通等多个行业领域。

工业云平台：
搭建工业协同平台，提供工业协同服务能力

工业云平台提供高品质的网络和云资源、IDC 数据中心资源以及混合云和可信云，为企业客户搭建安全、灵活的工业协同平台，提供了工业协同服务能力，包括设计协同、制造协同、供应链协同、服务协同等。

工业云平台的集成方式

工业云平台的核心是不同企业和客户之间的数据流，能实现价值链的横向整合和端到端整合。横向整合是企业之间通过价值链和信息网络实现的一种资源整合。它为企业之间的无缝合作提供了实时产品和服务，实现了不同企业之间在产品开发、制造、管理等方面的信息共享和业务协作。端到端整合是通过整合价值链中的不同企业资源，在产品价值链中创建集成供应商、制造商、分销商和客户的信息流、物流和资本流，同时为客户提供更有价值的产品和服务，从而实现产业链中各环节的价值体系重构。

GE 公司 Predix 平台简介

GE 公司构建的 Predix 平台包括三个部分：边缘、平台、应用。边缘和平台这两个部分仅仅是配合应用的，应用部分才是 Predix 的最终目标。事实上，应用端的工业客户需要的是解决问题的能力而不是解决问题的工具，而 GE 的主要目标恰恰是开发各种工业应用，并更加高效和简单地分析各种工业问题。

Predix 的应用不针对传统的 MES、ERP、PLM 等 IT 类应用,而是为各种工业设备提供完整的设备运行状况和故障预测、生产效率优化、能源管理、调度优化等应用场景,采用数据驱动和基于机制的方法来解决传统行业数十年未解决的质量、效率和能耗问题,帮助工业企业实现数字化转型。与此同时,Predix 采用了物联网、人工智能等新兴 IT 技术,摆脱了人类经验和知识积累导致的局限,从只能解决已知问题和经验问题,逐步将其置于未知世界的控制之下。Predix 在生态建设方面也做得很好。目前,已有近 4 万名开发人员和数百名合作伙伴正在开发基于 Predix 平台的各种应用。同时行业内也已认识到了 Predix 在工业互联网生态系统中的影响力。

不难看出,GE 构建的 Predix 架构的"平台+边缘+应用"模式,强调的是平台的开放性,提供各种框架和 API 接口,并且大力发展生态,让更多有能力的小伙伴加入进来。这种模式,才是工业互联网的未来。

智能产品运行监控分析技术：
通过物联网和车联网提供远程智能服务

智能产品运行监控分析技术，通过物联网和车联网向制造企业提供针对产品（如汽车、工程机械、发动机）的远程智能服务，包括远程监控、远程预警、远程维护、数据分析等。

产品智能化服务系统

产品智能化服务系统包括产品远程监护与维护平台、基于大数据挖掘的产品使用分析系统、智能手机 App 自助服务系统，实现功能包括以下三类：一是对各类产品的上百种数据进行采集、存储，二是及时分析用户使用典型行为，三是为客户提供优化解决方案及实时监控产品使用情况的综合服务。产品智能化服务的成功应用可以大大提高工作效率，使服务维护成本显著降低，产品差异化程度提升。

海康威视的视频监控产品智能化

智能视频监控技术主要是指分析固定监控摄像头捕获的视频，获取视频中的移动目标信息，提取语义级事件信息进行反应的技术。海康威视（全称杭州海康威视数字技术股份有限公司）为各种视频监控产品增加了智能算法库，实现了视频监控产品的智能化。

海康威视的智能视频监控产品支持以下分析功能：跨线检测、指定方向跨线检测、入侵区域检测、离开区域检测、区域内出现目标检测、物品拾取和放置检测，以及徘徊、聚众、奔跑检测和室内人数统计等。该公司未来的产品具有支持智能行为分析功能，产品形态将包括智能视频分析嵌入式DVR、智能视频分析板卡、智能视频分析DVS、智能视频分析IPC等。

第七章

我国四大制造产业聚集区：珠三角、长三角、环渤海及中西部地区

中国制造业普遍呈现出"东强西弱"的发展趋势，目前已形成珠三角、长三角、环渤海和中西部四大产业集群。总的来看，珠三角和长三角作为中国制造业的核心区域，在推动智能制造方面发挥着主导作用。环渤海地区的区位优势和产业分布表明其经济发展潜力巨大，特别是天津滨海新区致力于建设中国经济发展的第三极，正在引领环渤海经济圈。中西部地区的智能产业虽然起步较晚，但依靠外部科技资源，已在机器人领域形成了优势并呈现出强劲的增长态势。

珠三角地区：传统制造业转型，高新制造业发力

珠江三角洲既是地理区域，也是经济区域。位于中国南海岸，北起广州，呈扇形向东南和西南放射，是中国大陆第二大三角洲。珠江三角洲地区（以下简称"珠三角"）包括广州、佛山、肇庆、深圳、东莞、惠州、珠海、中山、江门九个城市。这里历来是中国发展对外贸易、开展对外经济活动的重要阵地。

珠三角地区传统制造业转型是大势所趋

中央和国务院于1979年正式发布文件，宣布在广东省和福建省实施特殊政策和灵活措施，要求广东等地尽快带动经济发展进而促进全国的改革开放。因此，作为广东经济要地的珠三角地区开始了新的经济发展进程。经过40年的发展，珠三角区域的工业产业已形成较为完整的产业链。与此同时，珠三角制造业这些年来吸引了一批农民工加入生产行列，共同推动了中国经济的发展。

进入21世纪以后，珠三角的制造业比例下降和专业化水平明显低于长江三角洲。特别是在人口红利逐渐消失和国内外经济压力不断增大的背景下，该地区制造业面临着内外双重压力。首先，外部经济疲软导致外需萎缩，产品出口压力较大。与此同时，巴西和印度等发展中国家依靠廉价劳动力成本的优势来加速低端和中端制造业向当地的转移，珠三角制造业的传统优势正逐渐减弱。其次，国内劳动力成本的增加不断压缩企业利润

空间，导致业务压力增大。内外双重压力迫使珠三角制造业必须与互联网和大数据深度整合，加速向数字化、网络化和智能化的"智造"转型。

有的学者研究了珠三角制造业转型升级和技术创新路径，研究结果显示，新常态下珠三角制造业存在若干问题。

一是结构性劳动力短缺，缺乏人才。在新常态经济环境下，经济发展已经恢复，工业经济出现劳动力恐慌，创新人才供不应求。珠三角地区的这种劳动力短缺与以前的季节性劳动力短缺不同，而是更为直接的结构性劳动力短缺。据统计，早在2014年2月，仅广东的用工缺口就高达139万人，其中以珠三角地区用工缺口最大，劳动力缺口约为81.2万人，约占总数的68%；随后出现的技工缺口则高达总数的32%。

二是商务成本上升。近年来，制造业的成本压力增加，以前的劳动力成本优势逐渐成为阻碍其发展的劣势，而原材料的价格也在不断上涨。产品成本的增加导致珠三角产业"空心化"的风险，一些产业向外转移。

三是产品缺乏足够的竞争力，缺乏技术创新能力。珠三角地区的中小企业数量相对较多，其生产模式主要是模仿OEM生产（即代工生产）的方式。虽然这种方式成本较低，企业易于发展成为一家大型企业，但企业在国际分工中处于最低水平。同时，上述学者指出，制造的能力和潜力不仅体现在生产的大量产品中，最重要的是体现在产品的质量和水平上。由于出口产品的关键核心技术基本上依赖进口，技术掌握在发达国家手中，即使珠三角地区的高科技产业具有研发能力，它们也没有主动权，因为创新没有形成品牌力量，最终无法实现盈利能力最大化。

传统制造业有转型的需求，但同时也要付出相应的代价，忍受转型的阵痛。转型过程中，传统制造业的企业都会遇到如融资难、创新难度高等问题。很多从事传统加工制造的都是中小企业，它们如今转型升级需要创新，但是难度并不低。例如，东莞、佛山的一些传统制造业企业在前些年也有通过购买新设备，增加设计元素等方式转型。虽然这个过程当时需要投入很多成本，对企业来说短期内会比较痛苦，但能熬过来的企业开始有自己的品牌，在行业中能占一席之地。但是，这几年传统制造业行业内的盈利空间在不断压缩，如果当时没有及时转型的企业，现在转型就更加困难了。

现在确实有不少传统加工制造业在转型，同时地方政府也给予一定的引导。但从质量上、数量上来看，传统制造业转型升级成果仍不容乐观，要成功还需要一段时间。因此传统制造业的转型升级不会一蹴而就。

珠三角地区战略性新兴制造业正在崛起

在珠三角，如果是传统制造业转型是大势所趋，那么先进制造业则是另外一番景象，该地区大量先进制造业企业正发展得如火如荼。在珠三角的先进制造业产业布局中，珠江西岸与东岸各具特色。其中，珠江西岸先进装备制造产业带初步形成，珠江东岸高端新型电子信息产业集群快速发展。

2014年8月，广东省政府正式启动珠江西岸先进装备制造业带建设。珠海、佛山、中山、江门、阳江、肇庆六个市和顺德区均被列入建设范围。2015年1月颁布的《珠江西岸先进装备制造业产业带布局和项目规划（2015—2020）》中提出，到2020年，珠江西岸装备产业产值将达到2万亿元。珠江西岸现在已成为广东装备制造业的高度集中地区，拥有众多具有明显竞争优势的主导产业，如电机、海洋工程、通用航空和智能制造等一批竞争优势明显、支撑带动作用较强的主导产业。尽管保持了较快的发展趋势，但高科技制造业的发展仍存在一些问题。根据广东省政协特别调查组的报告，问题包括产业布局缺乏整体规划和个性化、大型龙头企业缺乏、土地资源供应紧张、工业用途资金使用进展缓慢、引进人才困难等。目前，珠江西岸的装备制造企业仅有7家年销售额超过100亿元，只有

16家企业超过50亿元。龙头企业未能推动产业发展，一些产业链仍需要改进。

珠江东岸高端新型电子信息产业集群以战略性新兴制造业为主。在一些新产业方面有一定成绩，例如，LED、3D打印、机器人等。以LED制造为例，广东省科技厅、环保厅对此类行业都安排了不少计划，让这些智能环保的制造业得到成长。但是，不能忽视的是如今不少战略性新兴制造业都处于初级阶段，它们的规模都不是特别大。这就形成一个很尴尬的状态，这些新兴制造业并不能完全填补转移出去的传统制造业的空位。另外，政府更希望引进国外、省外的"巨无霸"型企业，并给予它们很多优惠。这样一来对这些中小型新兴制造业的发展不太公平，因为它们也付出了很大的成本去研发。因此，政府方面关于新兴制造业的政策是在引进大企业或扶持中小企业中摇摆，虽然两个目标都想实现，但是却很困难。虽然这些问题都是可以克服的，但在政策摇摆当中，一定程度上减慢了新兴制造业的发展步伐。

广东坚持制造业立省

广东省是国内最早出现集群经济形式的省份之一。2017年1月19日，在广东省第十二届人民代表大会第五次会议上，广东省2017年政府工作报告发布。据相关报道，广东省坚持制造业立省，贯彻落实《中国制造2025》，增加制造业投资在固定资产投资中的比例，并努力将高科技制造业的价值提高28%。加快智能制造的发展，培育一批国家级智能制造试点示范项目。建设国家制造业和互联网融合发展示范省，重点抓好"互联网+先进制造"专业镇和龙头骨干生产企业开展集成创新试点工作。推进珠江西岸先进装备制造业带建设，发展工作母机类机械生产，培育100家产值超过10亿元的先进装备制造企业，形成20个产值超过100亿元的先进设备制造产业集群。加快建设华星光电第11代液晶面板、富士康10.5代显示屏、珠三角北斗卫星应用示范、中委广东石化等重大项目建设。

为了促进制造业的发展，广东省政府和珠三角各个城市政府出台了许多政策。以广州市黄埔区广州经济开发区为例，该区先后召开了四次"黄金10条"产业发展政策新闻发布会，其中《广州市黄埔区广州开发区促进先进制造业发展办法》正式发布，明确了项目结算奖、企业贡献奖、高级管理人才奖、转型升级奖、产业联动发展奖、资金支持和重点项目支持。先进制造业最高奖励1000万元，可以在自己的地区获得最高20%的经济贡献。为国家、省、市工业发展的技术改造提供支持和奖励，如技术改造、节能、电机能效、机器人和智能设备、信息技术和信息产业发展方向、汽车及零部件出口基地项目、服务项目开发引导资金，以及各类科技项目和科技奖励项目，分别按补贴金额的100%、70%和50%进行配置，最高可达500万元。先进制造业有转型升级奖励1.5亿元，增资扩产奖励200万元。

专注于制造业的东莞在于2017年2月10日发布的《东莞市人民政府关于实施重点企业规模与效益倍增计划全面提升产业集约发展水平的意见》中提出，根据民营制造企业、外商投资企业、上市或挂牌"新三板"企业、高成长性的高新技术企业，各选取50家共200家存量优势企业进行重点培育，支持企业通过技术创新、发展总部经济、促进并购、加强产业链整合、强化资本运作等提升企业综合竞争力，努力用3年到5年时间，推进试点企业规模和效益倍增。此次文件给出的支持政策和以前的支持政策最大的不同在于"精确"，所有试点企业将纳入"一企一策、一事一议"绿色通道，如果当前政策未能满足试点企业的个性需求，试点企业可以通过绿色通道提请市政府进行协商和解决。

事实上，现在不少地方政府对于扶持制造业的政策是给予资金支持。过去几年，珠三角不少城市就在政策上设立了"科技专项""产业专项"

等资金。但是弊端在于,后来这些财政资金如何使用、使用后的效果如何并没有明确对公众说明。加之,只是给予资金的支持对企业来说还不够。更现实的问题是,如今珠三角的土地也相对比较少了,税收压力大,因此在土地和税收的优惠上也不容易做到。而且即使有资金的支持,现在也很难吸引企业自愿进驻。

由此可见,制造业企业要长远发展,不光是制造的技术上要创新和转型,而且管理理念、生产模式也要更新。政府要想更好地扶持传统制造业和引进先进制造业,需要做的是提供好的营商环境和政府的创新政策。特别是高科技制造业,它们对法治环境、金融服务、知识产权维护方面的要求更高,政府的效率与政策创新也更加重要。

传统制造业转型,创新是第一要义

尽管传统制造业近年来市场空间与盈利空间在缩小,不少企业感觉到困难,但也有某些传统制造业企业脱颖而出,在市场阵痛还没有太大之前就实行了转型升级。而这些传统制造业企业都有一个共同特点:创新。

广州天赐高新材料有限公司是一家专业从事个人护理功能材料、锂离子电池材料和硅橡胶材料的企业。这家化工制造企业认为,创新是公司发展的源泉,公司设立了博士后工作站培养人才。从长远来看,制造业需要发展,未来必须是数字信息和制造业的结合,即智能化。制造业的自动化模式将越来越好,并将从传统制造业转变为高新制造业。

在家电制造业发达的珠三角,许多家电制造业正在创新,甚至创建自己的品牌,如格力电器和美的电器等。爱丽丝生活用品(广州)有限公司是珠三角的家电制造商之一。近年来,在家电制造业受到一定影响的情况下,该公司的销售额却逆流而上。这与它们近年来一直在建立品牌并且不断创新家电这一事实有关。这家企业一直在进行改革和创新,每年要生产1万多种产品,研发比例达到30%,这意味着新产品的投资应达到30%。

为了跟上时代的步伐，这家企业注重从消费者的角度进行设计，因此它们的产品总是在创新、在变化。

制造业企业要长远发展，不仅是制造的技术上要创新和转型，而且传统工厂的管理理念、生产模式也要更新。比如，可以结合如今的物联网、科学的流程管理等方式，让传统制造业企业具有现代化公司理念，而不只是工厂生产产品的理念。再如，一些中小企业的转型可以采取抱团取暖的方式，让中小企业结成联盟。又如，一些投资公司或者政府也可以搭建平台，为一批类似的传统制造业企业提供融资、技术上的扶持，让企业可以在这个平台上互相对接，而不是孤军作战。

第七章 我国四大制造产业聚集区：珠三角、长三角、环渤海及中西部地区

长三角地区：
整合产业资源优势，打造世界级产业集群

长江三角洲地区（以下简称"长三角"）是以安徽、江苏、浙江和上海"三省一市"为中心的区域，是我国经济最发达、最活跃、最开放、最具创新性的地区之一。在我国"一带一路"倡议和长江经济带发展战略的推动下，长三角加快了传统产业的技术改造和转型升级，大力发展智能制造，推进技术创新和制度化，引领制造业走向中高端。如何整合长三角地区产业资源优势，促进产业协调发展，共同建设一批世界级产业集群，这不仅是长三角发展的重要任务，也肩负着实现长三角世界级城市群的定位，参与全球竞争和国际分工的负担。

长三角地区形成产业集群的基础

目前，上海、南京、苏州、杭州、宁波等城市都已形成较为完整和成熟的电子信息产业集群。其中，在集成电路领域，上海已成为国内产业链最完整、产业集中度最高和综合技术能力最强的区域，也培育了中芯、华力等营收居全球前六的芯片设计制造企业。此外，如上海、杭州、南京、合肥等城市形成了国内领先的汽车、高端装备制造业等关键领域的成熟产业集群。

长三角产业集群的基础是长三角地区的企业，特别是根据市场规则自发形成的充满活力的企业。例如，海康威视（全称杭州海康威视数字技术

股份有限公司）虽然总部位于杭州滨江区，但因为业务需要，其将最重要的生产基地建在杭州桐庐，同时还在上海设有研发中心，并与浙江大学、上海交通大学等科研实力雄厚的长江三角洲高校建立了合作机制。在整个营销网络中，海康威视在长江三角洲地区的布局密度远远大于国内其他地区。另一个例子是埃夫特（全称埃夫特智能装备股份有限公司），这家企业是国内工业机器人产销量最大的公司，虽然公司总部位于芜湖，但在上海建立了中国研发总部，并与中国商飞上海飞机制造有限公司签署战略合作协议，共同建设"民用飞机机器人应用技术联合实验室"。长三角地区各成熟产业集群的形成，与本地区已探索和布局的企业密不可分。

长三角具备打造世界级产业集群的条件

所谓世界级产业集群，指的是特定区域内基于产业专业分工和区域比较优势，以国际先进产业发展和科技创新理念为引领，形成的链条完整、分工明确、布局合理、创新协同的区域产业网络，并在世界范围内占据领先地位的产业集群高地。

世界级产业集群具有显著的规模优势和较高的市场份额，拥有世界级的龙头企业和品牌产品，掌握世界领先的核心产业技术和创新能力，形成了区域内部专业化分工和协同发展网络。世界级产业集群的核心特征可以概括为"世界级、集群化、协同化"三大关键词。所谓世界级，就是说产业集群必须在全球产业发展和技术创新的竞争格局中占有一席之地。如美国底特律汽车产业集群、美国硅谷高新技术产业集群、英国伦敦生物医药产业集群、日本半导体产业集群等就是世界级产业集群的典型代表。所谓集群化，就是说世界级产业集群往往都是依托城市群之间的分工协作来共同打造的。国际上世界级产业集群也大多集聚在经济发达的世界级城市群内，通过城市之间的联动发展形成整体的竞争力，如美国底特律汽车产业集群就位于北美五大湖城市群。所谓协同化，就是说世界级的产业集群必须同时具备产业链协同、产业布局协同以及创新网络协同,只有协同发展才能形成集群竞争力。

长三角地区是我国经济最具活力、开放程度最高、创新能力最强的区域之一。"三省一市"以占全国1/26的面积、1/6的人口贡献了全国1/4的GDP,工业增加值更是超过全国的1/4,若干个制造业综合竞争力在全国领先,已经具备了打造世界级产业集群的条件。

一是先进制造业的龙头发展。长三角地区是中国重要的先进制造业基地,在国家产业发展模式中发挥着举足轻重的作用。长三角的汽车产能占全国总产能的21%,零部件企业的数量和产量占全国的比重均超过40%,新能源汽车的比例超过30%。生物医药产值占比接近全国的30%,中国医药百强企业有29家,其中江苏扬子药业连续三年位居全国百强榜榜首。集成电路行业的规模占我国总数的45%,聚集了中芯国际、华虹等多家龙头企业,目前已形成了完整的设计制造密封测试产业链。此外,上海、江苏和浙江的造船产量占全国总量的2/3,软件信息服务占全国的1/3。长三角地区工业互联网和人工智能等新兴领域的发展也处于全国前列。

二是产业创新能力竞争优势明显。长三角地区创新资源丰富,集聚了一大批国内顶尖的科研院所,拥有众多外资研发中心和本土企业研发总部,引进了一批高水平的创新创业人才,并且各类天使投资、风险投资等创新资本密集。在中国科技部发布的2016—2017年综合科技创新水平指数排名中,上海、江苏和浙江在全国各省市中分别排名第二、第五和第六,安徽位居第十五。从国内三大城市群的比较来看,长三角创新优势较为突出。《2017福布斯创新力最强的30个城市》报告显示,长三角有14个城市入围,包括上海、苏州、杭州、合肥、南京等城市。而珠三角只有7个城市,京津冀也只有2个城市。

三是区域产业合作具备良好基础。长三角地区的产业合作历史悠久,早在2009年，安徽省正式成为长三角成员后，就建议建设皖江城市带承接产业转移示范区。2013年，产业专题合作正式成为长三角12个合作主题之一，产业合作逐步趋于常态化。2018年初，长三角区域合作办公室在上海正式成立，标志着长三角产业合作进入新阶段。

四是长三角地区不断创新产业合作模式。长三角一体化国家战略意义重大，因此产业合作至关重要。长三角地区在这方面创新了许多模式，一方面，上汽、上海电气、吉利汽车、阿里巴巴等龙头企业积极布局长三角，建立了完整的产业链；另一方面，"三省一市"也在不断探索园区合作方式，通过跨区域园区（如中新苏滁现代产业园区、中新嘉善现代产业园）和公园品牌输出（如上海张江高科技园区和上海漕河泾新兴技术开发区的走出去布局）等方式，实现了跨园区、跨区域的产业合作。

尽管长三角地区在国家产业发展中发挥着重要作用，但在全球产业链布局上并没有明显的优势，没有有效的分工与合作机制，因此需要加强世界级城市群的支撑作用。总的来说，要打造世界级产业集群，就必须打破区域行政壁垒，关注一批具有强大发展基础和丰富创新资源的重点工业部门，以市场为导向，以企业为主体，以政府为主导，通过合作模式创新和机制创新，共同打造立足区域、服务全国、辐射全球的世界级先进制造业集群和《中国制造2025》示范区，以建设具有世界一流的产业集群，来支持长三角地区的世界级城市群建设。

县域经济是打造世界级产业集群的基因

在建设世界级产业集群的过程中，长三角地区的县域经济活力将发挥重要作用。在这方面，有专家认为，长三角产业集群的目标是世界一流水平的，需要在"三省一市"的共同努力下开展合作。合作的方式应该是开放的，即对外国高端技术和企业开放，在内力和外力的共同作用下，创造更加完整、高端的产业链；与此同时，要发挥"三省一市"的合作优势，

第七章 我国四大制造产业聚集区：珠三角、长三角、环渤海及中西部地区

做好产业规划。长三角地区在过去进行工业规划时，区内中心城市一直是被考虑最多的，也被分为最大的蛋糕。但是，在新的形势下，长三角地区应该抛开以往的这种想法和做法，充分认识到县域经济的活力。事实上，"苏南模式"和"温州模式"都已经证实了长江三角洲地区的经济活力来自县域。

长江三角洲的县域城市常常嘲笑自己是"N线小城"，其实，虽然是个"小城镇"，但都天然地带有长三角的基因，其发展产业经济的潜力不可能忽略。如今，一线和二线城市已经开始转移产业，但长三角"N线小城"具有一定的成本和地理位置优势，因此可以成为现有产业链最佳的承接地。在正常情况下，随着产业链的转移，创新链也将在一定程度上转移。如果说长江三角洲的"N线小城"甚至县域能够根据自己的特点与一线和二线城市建立联系，做好创新链的衔接，那么将会获得更多的发展支持。

专家指出，各个城市不要担心没有制造业可以发展。制造业的门类太多了，一个城市不可能拥有制造业的所有门类，就算拥有，也不可能把每一个制造业都做到最高端，每座城市一定会找到适合自己的发展门类。与此同时，长三角地区强劲增长极并不是依靠几个大城市，而是要大家一起努力。这既需要各级政府的推动，也需要做好细致的研究。

环渤海地区：区位优势明显，产业体系完善

环渤海地区地处中国华北地区，地理位置优越，是全国的政治中心、文化中心和交通枢纽，也是我国东部重要的经济区域之一。环渤海地区是由辽东半岛经济区、山东半岛经济区和京津冀经济区三大板块构成的。狭义上的环渤海地区主要是指渤海沿岸的主要城市以及相关区域构成的环渤海经济带，包括北京、天津以及河北省的部分城市。广义上则是包括了北京、天津两大直辖市在内与河北、辽宁、山东等中部几省所构成的广大的行政区域。长期以来，学者们对环渤海地区的发展前景充满期望，认为环渤海地区将继珠三角和长三角之后成为中国经济发展的第三增长极，而从环渤海地区的区位优势和主要产业分布情况来看，该地区也确实具备这个潜力。

环渤海地区经济发展的区位优势

环渤海工业带作为我国经济发展的"第三极"，面临着经济发展的良好机遇和众多的优势区位条件。

一是优越的地理区位。渤海产业带位于东北、华北、西北和华东四个经济区的交会处，是与欧洲和亚洲的内陆联系的大本营，是中国经济从东向西、从南向北扩展的重要环节，是东北亚经济区的中心地区。同时，该地区也是中国政治文化和国际交往的中心，在亚太地区的国际经济分工中发挥着重要作用。

二是便捷的海陆空交通现代化的交通网络。在5800公里的海岸线上，分布着40多个港湾，拥有大连、天津、烟台、青岛、日照等大型商贸港口和秦皇岛、黄骅2个全国最大的能源输出港。环渤海地区是全国铁路最密集地区之一，纵贯南北的铁路干线有京沪、京九、京广、哈大、京哈、同蒲、太焦、焦柳等，横贯东西的铁路干线有京包、石德、石太、胶济、大秦等。其中，京沪、京广、京哈、京包是环渤海地区最繁忙的铁路干线。此外，区域内高速公路网，四通八达，航空运输网也发展迅速。

三是强大的产业基础和发达的教育科技。总体而言，环渤海地区拥有强大的工业基础，不仅保持了原油、化工、钢铁等重工业的优势，而且新兴的IT、生物制药和高科技产业也在崛起。辽中南和京津唐是中国四大工业基地之一。北京的高科技产业、天津的海洋化学工业、大连的石化和造船业、沈阳的机械工业以及鞍山的钢铁工业都在国内占有重要地位。环渤海地区还具有很强的人才优势，北京中关村拥有64所重点高校，不断培养出高级人才。

四是丰富的自然资源。环渤海工业带内煤、石油、铁矿、海盐资源丰富。山西是全国最大的煤炭基地，有大同、平朔、阳泉、太原等大型煤田，其他的还有河北的开滦、山东的兖州、辽宁的阜新和抚顺、内蒙古的霍林河、准格尔、元宝山、东胜等著名煤田。胜利、华北、辽河、中原等油田是全国主要的石油基地。辽宁鞍山、河北迁安是重要的铁矿基地。天津的长芦盐区是中国最大的海盐生产基地。渤海有丰富的渔业资源，且蕴藏着丰富的石油、天然气资源。此外，本区是我国最大的棉花生产基地，可以为纺织工业的发展提供丰富的材料。

五是密集的骨干城市群。本区已初步形成京津唐、辽中南、青（岛）济（南）三大城市群。以京津为中心，以大连、青岛为副中心，以沈阳、呼和浩特、太原、石家庄、济南为区域中心,已经形成了一个布局合理、功能互补、联系紧密、协调发展的巨型城市集群,可以充分发挥其对区域经济发展的聚集、辐射和带动功能。

环渤海地区主要产业分布与优势

经过改革开放40年来的快速发展,环渤海区域工业基础雄厚,产业体系完善,目前已经形成了钢铁、煤炭、汽车制造、电子信息、石油化工等一批具有较强竞争力的优势产业。

一是钢铁工业。环渤海区域是我国最重要和最大的钢铁生产基地。河北省和辽宁省是我国两个排名第一的钢铁大省。环渤海区域内拥有众多大型钢铁企业,如河北的唐山钢铁集团、邯郸钢铁集团,辽宁的鞍山钢铁集团、本溪钢铁集团、北台钢铁集团,山东的济南钢铁集团、莱芜钢铁集团,北京的首钢总公司,天津天铁冶金集团等大型钢铁企业。

二是煤炭工业。环渤海区域内煤炭资源丰富,在辽宁、河北和山东都有大型煤田分布。比如,河北有开滦集团、金能集团、峰峰集团等大型煤炭企业,辽宁有沈阳煤业集团、阜新矿业集团等大型煤炭企业,山东有兖矿集团、新汶矿业集团、枣庄矿业集团、淄博矿业集团等大型煤炭企业。

三是石油化工。环渤海区域拥有众多大型资源类企业,包括华北油田、大港油气田、冀东油田、渤海油气田等重要石油生产企业。此外,辽宁、河北、天津、山东还是我国北方海盐的主要产区,主要盐区有东北盐区、长芦盐区、山东盐区。

四是船舶制造业。环渤海区域还是我国重要的船舶制造基地。拥有大连船舶重工集团有限公司、渤海船舶重工有限责任公司等大型船舶制造企业。

五是机械工业。环渤海地区是中国重要的装备制造基地之一。在重型机械、冶金矿山设备、化工设备、发电设备等领域具有很强的优势。辽宁是新中国最早建立的重工业基地,其机械工业在企业数量、员工人数、产品种类和产值方面在国家机械工业中占有很高的比例,在制冷设备、加热器、机床配件等方面也具有一定的优势。山东机械工业在国内占有重要地位,已发展成为中国农业机械工业的重要省份。北京的轻型卡车和小型客车,天津的微型车,山东和辽宁的载重汽车都具有强大的竞争优势和较高的市场份额。

六是海洋经济和农业。环渤海地区的海岸线全长5684.74公里,滩涂、海洋资源和渔业资源十分丰富,同时环渤海地区也是中国农业发达地区之一,是小麦、杂粮、棉花、油籽和水果的重要生产基地。此外,环渤海地区既是中国棉花、花生等经济作物的主产区,也是全国重要的温带干、鲜水果产区。

天津滨海新区领航环渤海经济圈,打造中国经济发展第三极

2009年11月9日,国务院设立天津市滨海新区,包括先进制造业产业区、临空产业区、滨海高新技术产业开发区、临港工业区、南港工业区、海港物流区、滨海旅游区、中新天津生态城、中心商务区九大产业功能区,以及居世界吞吐量第四位的综合性贸易港口天津港。这是中国继20世纪80年代开发深圳、90年代开发浦东之后,又一个区域开发的重大战略举措,将掀起沿海经济开发开放的第三波高潮。天津滨海新区有望在未来战略机遇期内成为中国经济的"第三增长极",带动环渤海区域经济发展,改变中国经济发展"南快北慢"的局面。

滨海新区在探索中前行、在转型中成长、在创新中发展,其问鼎第三极之旅已经取得显著成效。早在2013年,滨海新区地区生产总值就已经达到8020.4亿元,连续跨越五个"千亿元"大台阶。年均增长超过20%的强劲发展,成为名副其实的带动区域经济发展新的经济增长极。经过多年不断加大开发开放步伐,目前已形成航空航天、石油化工、装备制造、电子信息、生物制药、新能源新材料、轻工纺织、国防科技八大支柱产业。以航空航天为例，滨海新区聚集了空客、长征系列运载火箭、庞巴迪、古德里奇、西飞机翼等多个航空航天项目，呈现出企业数量多、技术高、规模大、经济效益显著等特点。目前，滨海新区形成了以大飞机、直升机、无人机、大火箭、卫星等为代表的全国航空航天产业创新和成果转化示范基地。

在"一城双港、九区支撑"的空间发展战略下，滨海新区构建了12个功能区，并提出各功能区要优势互补、错位发展，如今已形成"东港口、西高新、南重化、北旅游、中服务"五大产业板块。其中，东部现代港口物流板块，重点发展国际中转、国际配送、国际采购、国际转口贸易和出口加工，目标是建设成为我国内地第一个自由贸易港。西部先进制造业板块，集中发展战略性新兴产业，打造高端产业聚集区和自主创新领航区的主战场。南部重化重装产业板块，目标是打造成为世界级重化产业和重型装备制造业基地。北部生态宜居板块，是探索建设生态城市的先导区。中部金融商务板块则将发展现代金融、商务商贸、总部经济、服务外包等高端服务业态，目标是建设成为独具特色的国际性、现代化港口城市标志区。

中西部地区：
政策优势引发"智造"产业集聚效应

中西部地区以四川、陕西、湖北等省份为代表，在技术密集的"智造"业发展方面明显落后于东部地区，制造业尚处于自动化阶段，无论是数字化研发设计工具普及率还是关键工序数控化率均低于国家水平。为全面促进"智造"水平提升，推动制造业转型升级，中西部地区凭借战略布局和政策支持，目前已形成一定的集聚效应。下面，不妨以机器人及智能装备产业为例来做一番阐述。

先来看两个案例。

ABB是全球电力和自动化技术领域的领导企业，具有敏锐的行业趋势，对中国中西部地区早有布局。自20世纪50年代以来，ABB与湖北省合作参与了三峡工程、高压直流输电线路、新一代智能变电站、武汉地铁、武广高速铁路，以及中石化和武钢等重点项目的建设。2018年5月，毗邻湖北的重庆ABB机器人应用中心正式落成，这意味着ABB将进一步加强对重庆和西部地区客户和市场的支持。该中心专注于满足在汽车制造、3C产品制造、设备制造和消费品制造等领域对工业机器人的需求。

同样以工业机器人见长的上海新时达电气股份有限公司也非常看重我国中部地区的汽车行业市场。该公司在2018年6月5日于武汉召开的首届中国（武汉）国际自动化与机器人展览会（IARS）上展出的以机器人为主体的自动化车灯涂胶工作站、压铸与打磨工作站、焊接工作站，都是其在中部地区的主要工艺发展方向。针对中部地区的汽车主机厂商和零配件厂商，该公司主要提供机器人本体结构（机器人本体结构是机体结构和机械传动系统，也是机器人的支承基础和执行系统）服务，以及切入中小型项目，帮助一些工作站改造工艺段。通过这种以少积多的方式，慢慢把国产元素和国内的技术引入主机厂和配件厂商。

上述两个案例足以说明中西部地区凭借政策优势引发的"智造"产业集聚效应。

中部地区加快工业机器人研发、产业化集成与应用创新步伐

中部地区致力于引进机器人龙头企业，积极培育本土企业，逐步打造链条完整、技术先进、优势突出的机器人产业链，不断扩大在国内机器人产业发展中的影响力。

一是提升机器人行业规模效益。中部地区机器人相关产业发展的主要特征是依托现有产业基础，通过一系列扶持政策，以创建机器人工业园区作为载体，引进和培育机器人骨干企业。以洛阳机器人智能装备产业园、武汉机器人产业园等重点园区建设为例，该地区聚集了一批重要的上下游机器人产业链企业，产业集聚形势已经初步形成。

二是提高机器人产业结构水平。中部地区机器人本体结构研发和生产企业的比例及高端产品的比例处于全国中下游的发展水平。由于产业发展基础薄弱，因而主要从外界引入。该地区通过机器人产业链各环节的科学设计，使机器人产业结构越来越完善，为未来发展奠定了基础。中部地区将以开放、创新的方式引进国内外先进技术队伍，以期使本地技术创新和产品创新有更好的可扩展性。

三是培育机器人产业的创新能力。中部地区机器人产业的平均研发投入比率和整体研发投入处于全国中游，高科技企业数量与机器人产业与发达地区相比仍存在差距。因此，在政策支持和企业自身的积极布局之下，该地区正在兴起一批创新型机器人公司，这些公司不断突破机器人核心技术被国外垄断的束缚，经过努力，目前已经在焊接机器人、高端数控设备、减速机、控制系统和环境检测设备等方面拥有了一定的研发实力和品牌影响力。

四是创造良好的机器人产业发展环境。中部地区聚集了中国科技大学机器人研究中心、华中科技大学、武汉大学、武汉理工大学、国家数控系统工程研究中心、数字制造装备与技术国家重点实验室等重要院校和研究机构，这样的人才环境在全国处于领先地位。为了充分发挥人才环境优势，该地区积极引进国内先进技术创新团队，帮助它们与高校科研院所深入合作，通过创新助力机器人产业发展。

西部地区致力于打造机器人及智能装备产业链

西部地区是中国机器人产业发展的后来者，该地区通过机器人本体结构制造、系统集成和产业资源智能转化的整合，组织实施了多个机器人产业集群协同发展项目，重点发展关键机器人技术和配套重点企业，创建集研发、整机制造、系统集成、零件匹配和应用服务于一体的机器人和智能设备产业链。

一是提升机器人产业规模效益。该地区机器人相关企业的数量、总产值和平均销售利润率均处于较低水平。因此，该地区建立机器人产业园区，并将其作为发挥产业规模效应的主要载体，从而突破了自身资源不足的困境。

二是提高产业结构水平。西部地区机器人整机研发和生产企业的比例、高端产品的比例，以及核心部件的国产化率都处于相对落后的发展水平。由于当地机器人产业基础薄弱，因而该地区主要采取外部资源引进与自主培育相结合的方式，在现有机器人的产业基础上，逐渐扩大机器人产业，集中优势力量进行产品开发，以期在未来获得很好的发展。

三是培育产业创新能力。西部地区机器人的整体研发投入低于全国平均水平，高科技企业数量与机器人产业发达地区之间仍存在较大差距。尽管如此，该地区的重点企业在伺服电机、控制器、传感器等核心部件上仍然有一定的技术突破，并对外提供比较成熟的设备产品和解决方案。

四是创造良好的产业发展环境。在西部地区，尽管科研机构数量较少，但仍有7所国内机器人大学和研究机构，如西安交通大学、西北工业大学、电子科技大学、兰州大学、重庆研究院等，因而西部地区在机器人研究与教育培训方面仍取得了丰硕成果。

当然，除了上述机器人产业之外，中西部地区的先进激光产业、装备制造业等也是智能制造发展的新亮点。限于篇幅，这里就不去细说了。

第八章

智能制造相关产业集群：传感器、物联网、人工智能、大数据、云计算、边缘计算、网络安全

从目前智能制造发展的情况来看，智能制造和传感器、物联网、人工智能、大数据、云计算、边缘计算、网络安全等产业密切相关。业内人士表示，人工智能和传感器作为智能制造的核心控制技术，后期发展空间巨大；传感器、物联网、人工智能等将实现智能制造数据的共享互联，并建立起网络化的大环境。

传感器：五大传感器产业集群及龙头企业

智能制造想要开花结果，传感器才是重中之重！如果智能制造没有传感器，那么与智能制造密切相关的云计算和大数据将"难为无米之炊"，物联网将走向"空心化"，智能制造等实体经济也就成了"空中楼阁"。传感器在智能制造上的应用，不仅将带动全产业和全领域的发展，还将带动智能电网、智能移动设备和智能产品领域的快速发展，从而成为新经济增长的巨大动力。

我国五大传感器产业集群

目前，我国在传感器研发、设计、代工生产、封装测试、应用等领域已形成了完整的产业链，并且已经逐渐形成了长三角、珠三角、东北、京津以及中部五大产业集群。

传感器在长三角地区以上海、无锡、苏州、南京等城市为中心，已经形成了热敏、磁敏、图像、称重、光电、温度、气敏等完整的传感器生产体系和产业配套；在珠三角地区主要是热敏、磁敏、超声波、称重等传感器；在东北地区主要是敏感、气敏和湿敏等传感器；在京津地区，因该地区的研发能力更加突出，从而填补了传感器在国内研究领域的空白；在中部地区主要包括郑州、武汉和太原，该地区在PTC和NTC热敏电阻、电感式数字液位传感器和气体传感器领域发展良好。

从企业分布来看，传感器企业主要分布在华东地区、京津及东北地区、珠三角地区、中西部地区这四大产业聚集区。其中，华东地区传感器企业数量最多，约占全国企业总数的 60.0%，珠三角地区约占 15.5%，京津及东北地区约占 16.0%，中西部地区约占 8.5%。此外，传感器产业伴随着物联网的兴起，在其他区域，如陕西、四川和山东等地也逐步发展起来。

MEMS 传感器细分领域出现龙头企业

MEMS（Micro-Electro-Mechanical System）传感器也就是微机电系统，是物联网感知层的主要设备，是世界瞩目的重大科技领域之一。中国的 MEMS 传感器产业起步较晚，但发展迅速。参与 MEMS 传感器的国内知名上市公司有歌尔声学、汉威电子、苏州固锝、士兰微、晶方科技、华天科技和深迪等。

歌尔声学主要生产微型麦克风，汉威电子主要生产流量传感器中的气体传感器，苏州固锝、士兰微等公司生产加速度传感器，晶体科技、华天科技等都涉及 MEMS 传感器芯片的封装和测试领域，深迪是中国第一家设计和用 MEMS 陀螺仪系列惯性传感器的 MEMS 芯片公司。在这些公司中，歌尔声学是微型麦克风领域的领先公司；苏州固锝子公司的加速度传感器销量全国第一；汉威电子的子公司炜盛科技正在进行 MEMS 研究创新并已取得阶段性成果，该公司的 MEMS 气体传感器已经小批量试制，适用于各种气体监测产品、智能可穿戴设备等；深迪拥有先进的 MEMS 技术和集成技术，是中国商用 MEMS 惯性传感器领域的领先公司，公司的 6 轴 A+G 产品和地磁及完整的 9 轴算法融合方案，应用广泛，用于品牌手机、ODM、无人机、智能家居等产品终端。

‖ 智能制造：新技术、新商业、新管理颠覆产业发展

物联网：四大地区集群发展的产业空间格局

物联网是在计算机互联网的基础上，利用 RFID、无线数据通信等技术，构造一个覆盖世界上万事万物互联的网络。物联网与互联网连接，实现了人与人、物与物、人与物、物与人之间的互联互通，这对经济的拉动作用是巨大的。我国在物联网产业发展与布局方面起步较早，从《物联网"十二五"发展规划》到《中国制造 2025》、"互联网+"，在国家政策带动下，我国物联网产业的市场规模大幅度增长，形成了一个具有广阔市场前景和发展潜力的产业体系。截至 2018 年，我国物联网产业的市场规模已达 1933 亿元，在交通物流、公共安全、医疗保健、环保、电力等诸多行业领域，物联网产业的市场规模已达数百亿元。

我国物联网产业空间格局

从产业布局上看，我国物联网产业已初步形成了长三角、珠三角、环渤海和中西部四大地区集群发展的产业空间格局。

长三角地区以上海为中心，以江苏和浙江为两翼，其物联网产业的发展最为迅速，产业规模位居三大区域之首。由于长三角在高新技术产业方面拥有雄厚的经济基础和技术优势，而物联网作为高新技术中的典型代表，使长三角地区在发展物联网产业方面拥有其他地区所不具备的先天优势。作为我国物联网技术产生和发展的起源地，目前长三角地区物联网产业的发展主要定位于物联网技术的创新与应用，从物联网系统集成和行业

应用这两个产业链核心环节入手，制定技术标准与实施创新战略，成为我国华东地区物联网产业发展的龙头，并引领核心企业的集聚。

珠三角地区作为我国乃至世界制造行业的中心，同时也是全国市场化最成熟、体系最完备的地区，工业基础深厚，目前已形成了一批自主的、竞争力强的物联网应用技术成果和信息增值服务模式，建成了一批物联网产业应用示范园区，当前整个地区产业的发展着眼于物联网应用于城市公共基础设施建设及城镇信息化管理和农村信息技术应用及农业信息化管理这两个方面。

环渤海地区包括辽东半岛、山东半岛和环渤海滨海经济带，作为我国北方最重要的集政治、经济、文化于一体的城市集群，也是国内重要的重工业生产制造基地；同时，该地区依托北京和天津两个直辖市，拥有大量的高校和科研院所，物联网技术研发实力雄厚，传输网络密集，大量的重工业应用使物联网产业化普及率较高。目前，物联网技术广泛应用于该地区发达的交通运输物流行业，已基本形成了一个比较完善的物联网产业发展体系结构。

中西部地区的物联网产业发展迅速，各主要省市结合自身优势，积极布局物联网产业，以抓住市场发展机遇。湖北、四川、陕西、云南及重庆等中西部重点省份依托自身在科研、教育、人力资源方面的优势，以及RFID、芯片设计、传感器传输、自动控制、网络通信、软件及信息服务等领域较好的产业基础，建立了比较完善的物联网产业链条和产业体系，重点培育物联网龙头企业，大力推进物联网示范项目。

我国物联网产业布局的特点

我国上述物联网产业发展布局呈现出以下四大特点。

一是高新技术产业得到迅速发展，物联网相关产业结构不断优化。我国近年来以物联网技术为代表的高新技术产业发展势头良好，传统工业园区的调整和升级也越来越频繁。这些工业园区集中了大量与物联网相关的高科技产业,其中物联网产业的比重正在增长。

二是物联网产业的分布遍布各地,试点示范项目也大幅增加。国内物联网产业的发展环境目前已初步形成,关键领域的试点项目已经先行,并建立了试点区来促进关键技术的开发和应用。经济发达的省份如江苏、广东、浙江、山东、辽宁及上海、北京等,制定了物联网产业发展布局规划,全面加快发展试点的步伐。与此同时,合肥、徐州、武夷山、双流等二三线城市也结合区域特点,积极规划区域物联网产业的试点规划。

三是产业整合不断深化。物联网产业的发展可以带动移动通信、传感器组件、计算机网络、软件研发等许多相关产业的发展,形成巨大的产业集群优势。根据产业相关程度,重点培育和发展核心产业,支持配套产业发展,合理规划产业布局,推动物联网络产业的发展和应用。

四是物联网产业布局相对集中,区域分工逐步显现。目前,我国物联网产业布局的特点是区域间相对独立和区域内相对集中。随着物联网产业的不断扩大,区域内物联网产业链中的所有环节都将加快整合,区域间物联网产业分工和合作也将逐步形成。

虽然长三角、珠三角、环渤海、中西部等地区的物联网产业固定资产在全国范围内具有较高的比重,产业集中度也相对较高,但从世界范围内来看,仍然处于较低水平。因此有专家建议,要发展物联网技术,培育物联网产业,推广物联网应用,搭建物联网平台。只有从技术、产业、应用、平台四个方面着手与努力,我国物联网产业才能获得更好的发展。

人工智能：产业集群初显，整体呈蓬勃发展态势

在国家政策支持和各地政府及企业的努力下，我国人工智能产业加速发展，从基础支撑、核心技术到行业应用的产业链条正在形成，产业集群初步显现，一批创新活跃、特色鲜明的创新企业加速成长，新模式、新业态不断涌现，整体呈现蓬勃发展态势。

产业政策力促人工智能产业发展

为引导人工智能产业技术创新体系建设，加快打造一批人工智能产业集群，构建人工智能基础支撑平台，我国政府出台了一系列产业政策，以推动人工智能产业发展迈上新台阶。

2017年，国务院发布的《新一代人工智能发展规划》指出，人工智能是引领未来的战略性技术，是国际竞争的新焦点，鼓励地方政府围绕人工智能产业链和创新链，打造人工智能产业集群和创新高地。

2017年12月13日，工业和信息化部关于印发《促进新一代人工智能产业发展三年行动计划（2018—2020年）》的通知提出了行动目标："力争到2020年，一系列人工智能标志性产品取得重要突破，在若干重点领域形成国际竞争优势，人工智能和实体经济融合进一步深化，产业发展环境进一步优化。"

2019年2月21日，科技部网站发布《科技部关于支持北京建设国家新一代人工智能创新发展试验区的函》，明确试验区建设要探索新一代人

工智能发展的新路径、新机制，形成可复制、可推广的经验。

各地出台政策扶持人工智能落地

各地纷纷出台人工智能产业发展政策，加快打造一批人工智能产业集群，完善政策体系，构建人工智能基础支撑平台。

安徽省人民政府发布的《安徽省新一代人工智能产业发展规划（2018—2030年）》提出"一核两地多点"的产业布局，辐射全省的人工智能产业集群，到2020年人工智能产业规模超150亿元，带动相关产业规模达到1000亿元。

广东省发布的《广东省新一代人工智能发展规划》提出通过"三步走"，到2030年，人工智能基础层、技术层和应用层实现全链条重大突破，人工智能产业发展进入全球价值链高端环节。目前，广东已初步形成人工智能与智能制造产业集群，成为推动经济发展的新动能。

山东省发布的《关于大力推进"现代优势产业集群＋人工智能"的指导意见》提出，建立"现代优势产业集群＋人工智能"推进机制，力争到2025年，人工智能产业成为全国一流乃至世界上有重要影响的产业集群。

深圳市人民政府印发的《深圳市新一代人工智能发展行动计划（2019—2023年）》提出的目标是，到2023年，"建成20家以上创新载体，培育20家以上技术创新能力处于国内领先水平的龙头企业，打造10个重点产业集群。人工智能核心产业规模突破300亿元，带动相关产业规模达到6000亿元"。

浙江省印发的《浙江省促进新一代人工智能发展行动计划（2019—2022年）》提出，培育10家以上有国际竞争力的人工智能领军企业，100家以上人工智能行业应用标杆企业，500家以上人工智能细分领域专精特中小企业。

成都市人民政府办公厅印发的《成都市加快人工智能产业发展专项政

策》，从加快夯实人工智能产业基础、不断提升人工智能产业能级、全面营造人工智能产业生态三个方面出台12条专项政策，推动人工智能产业发展。比如，对于龙头企业联合高校院所以及产业链上下游企业实施人工智能产业集群协同的创新项目，或开展的人工智能重大关键技术联合攻关，最高给予1000万元资助。

天津市武清开发区发布的《关于组织2019年人工智能创新发展工程的通知》明确提出，2019年人工智能创新发展工程围绕"高端芯片、关键部件、高精度传感器、通用软件与平台、融合创新应用"五个重点领域进行支持。

各地人工智能产业正全面开花

我国人工智能产业正处于技术全面开花、应用逐步落地的重要时期，各省市加大砝码、抢位发展，人工智能产业将进入发展快车道。

北京是人工智能企业最多的城市，拥有445家人工智能企业，并基本形成了行业内高端价值链的发展格局。首先，人工智能技术取得了突破性进展。目前，北京已累计拥有2万多项与人工智能和智能硬件相关的专利，形成了专业领域具有自主知识产权的核心技术体系。百度、滴滴和360都有自己的人工智能实验室。百度、Apollo、中科创达、暴风影音、腾讯也推出了公益服务平台。其次，资本要素聚集。联想、京东、小米、紫光等一系列中国传统龙头企业投入了大量资源，加快了人工智能的布局。最后，政策环境领先。2016年，工业和信息化部与北京市政府签署了《关于共同推进建设人工智能与智能硬件创业创新平台合作框架协议》；北京市还出台了《中关村促进智能硬件产业创新发展的若干支持政策》《关于促进中关村智能机器人产业创新发展的若干措施》等。

广东省是制造业大省，在人工智能方面的发展领先全国。第一，先发比较优势。深圳、广州、佛山、东莞等地已经培育了一批机器人整机、零部件以及系统集成的机器人制造企业,形成了涵盖机器人控制器、伺服电机、机器人本体、系统集成的全产业链。第二,产业集聚初现。广东省拥有腾讯、华为、大疆等人工智能巨头,周边聚集了大量创新型的中小企业,该省人工智能生态初步构成,具备较强的集聚力和带动力。

上海市结合张江综合性国家科学中心建设布局,形成了某些领域的领先优势。上海的主要优势在于科研机构众多、人才资源集聚、信息交流国际化,目前上海市正加快推进技术突破和应用示范。上海重点推进脑科学、人工遗传算法、智能语音处理、模式识别、机器学习等关键技术的研发,加强人工智能技术测量评估标准和基准的制定。

杭州是"中国软件名城",具备人工智能良好的土壤。第一,产业分布集中。杭州的人工智能产业主要分布在杭州高新技术产业开发区、浙大科技园和杭州城西科创大走廊三个主要区域。第二,企业集聚发展。阿里通过阿里云ET平台,把人工智能技术研发和应用场景,输出到交通、政府、娱乐等行业。网易自主研发了图像处理、机器视觉、增强现实引擎、会话机器人引擎等智能多媒体技术,广泛运用到了家居、家电、客服、游戏等领域。蚂蚁金服将人工智能技术运用于蚂蚁微贷、保险、征信、风险控制、客户服务等多个领域。海康威视利用人工智能技术打造智慧安防,在人、车细粒度的检测和识别技术上领先。科大讯飞在杭州组建语音识别团队,推出人机互动的语音智能产品。同花顺、网新科技、邦盛、凡聚科技、浙大中控等在智能金融、实时反欺诈、医疗、教育、VR内容研究、专用控制芯片等方面独具特色,应用上取得重大突破。

天津市在新一代人工智能领域取得了一批科技成果,并聚集了国内外多家知名企业,具有良好的产业发展基础。天津人工智能产业整体发展水平处于全国中上游,企业和人工智能投资数量均居全国前列,包括天地伟业、恒银金融等人工智能核心产业的企业在内,当前,天津市人工智能核心产业规模约 60 亿元。

安徽人工智能产业发展势头良好，2018 年相关产业产值近 700 亿元，国家级产业基地"中国声谷"入园企业达到 400 余家，一批人工智能企业取得关键技术突破、享誉业内。未来，安徽将依托现有技术基础，在智能语音、智能写作、国产自主可控计算机、类脑智能、工业和服务机器人、量子智能等人工智能细分领域加大投入、推动产业化进程。

江苏省投入大量资金支持引进人工智能产业领先项目、人才培养和重大基础设施建设，鼓励和引导相关领域产品的应用。苏州工业园区发布了《人工智能产业发展行动计划（2017—2020）》，园区的研发实力和应用改造取得了一定成效。以微软苏州工程学院为代表的智能语音和机器学习企业，是西门子苏州研究院等工业物联网、智能机器人及自动化行业的领先水平。此外，思必驰的语音识别、华兴致远机器视觉技术的语音识别，均处于国内领先水平。

辽宁省主要以沈阳自动化研究所和新松机器人公司为代表，推动人工智能产业的快速发展，产品应用范围包括弧焊、点焊、搬运、装配、码垛、研磨抛光和自动导引车等。辽宁省在工业机器人、特种机器人和服务机器人领域拥有 149 项专利。辽宁省有 3 个产业基地：沈阳机器人产业园、沈抚新城机器人产业基地、大连金州新区国家智能装备产业示范基地。

贵州省依托大数据基础，发力人工智能。贵州省《智能贵州发展规划（2017—2020 年）》明确对贵州智能制造、智慧能源、智能旅游、智能医疗健康、智能交通服务、智能精准扶贫、智能生态环保等领域的发展进行了规划布局。同时贵阳综合保税区大数据综合试验区成立"人工智能产业创新示范基地"，已与小 i 机器人等重点企业项目达成战略合作。

大数据:四个产业集聚区各具特色

大数据是继物联网和移动网络之后的新型信息技术,产业的发展影响着社会的未来发展。大数据相关的产业是一切和大数据密切联系的聚集、组织、分析和服务相关的经济体系。目前,我国已形成了京津冀、长三角、珠三角、中西部地区四个各具特色的产业集聚区。

京津冀地区布局大数据走廊

"京津冀大数据走廊"已经在"十三五"期间被纳入《京津冀协同发展规划》,成为促进京津冀工业转型升级的新引擎。根据该发展规划,京津冀三地将重点支持中关村企业在北京设立研发中心,在天津建设大数据、云计算、物联网等设备生产基地,在河北廊坊、承德、张家口等地建设大型大数据中心和电子商务等产业大数据规模应用服务项目。

2016年12月22日,京津冀大数据综合试验区正式启动,旨在将京津冀地区建设成为国家大数据产业创新中心、应用先行区、改革综合试点区,以及全球大数据产业创新高地。北京、天津及河北还设立了京津冀大数据产业协同发展投资基金,第一阶段计划筹集100亿元人民币,通过支持大数据及相关领域的并购和股权投资,来帮助京津冀地区大数据产业的整合和行业应用的推广。

北京出台的《大数据和云计算发展行动计划(2016—2020)》明确指出,到2020年,北京将培育20家以上面向全球平台的骨干企业,拥有

500家以上大数据和云计算公司，建立千亿元级的产业集群，在首都形成新的经济增长点。

承德大数据研发中心是京津冀大数据走廊的一颗璀璨明珠。该中心集京津冀大数据研发、展示、应用、感知于一体，是一个综合性大数据展示馆。其卓越的地位、卓越的意义、独特的创新，结合承德大数据现状和未来发展规划，设计了国内不拘一格的大数据体验中心。

廊坊开发区积极抢抓京津冀协调发展的重大历史机遇，充分发挥综合环境优势，加快云存储数据中心产业发展，打造"京津冀大数据走廊"，为京津冀数据中心提供服务，力促数据中心产业的转型升级。在廊坊开发区，一个专注于为北京企业提供服务的数据中心工业园区已经悄然建成并运营，这是一个以云计算和云存储为主要业务的国家级工业园区，是亚洲最大的数据中心基地。

长三角地区的大数据联盟

2017年11月18日，长三角大数据产业联盟成立（以下称"联盟"），它是在中国信息协会大数据分会的指导下，由中数盟（中国数据中心产业发展联盟、中国大数据应用联盟的简称）牵头发起，由江苏省、浙江省、安徽省及上海市所属的长三角城市群从事大数据相关工作的单位和个人自愿结成的区域性非营利行业组织。其宗旨是动员社会各方力量，共同推动和维护长三角大数据产业的健康、有序和可持续发展。

中国数据中心产业发展联盟是面向数据中心领域服务的全国性非营利性行业自律联盟，在中国信息协会指导下成立，由三大电信运营商IDC部门和部分地方运营公司，以及部分第三方数据中心运营单位等共同发起成立。其宗旨是构建行业绿色生态发展环境，积极推动、维护中国数据中心行业的健康、有序发展。

中国大数据应用联盟是我国建立的第一个以"推动大数据应用创新，

建立大数据应用体系"为行动目标的大数据行业联盟，目前已经设立京津冀大数据联盟、泛珠三角大数据联盟、中国大数据应用（西北）联盟等区域机构，政务大数据专家委员会、时空大数据专业委员会、医疗大数据发展联盟等专业机构。其组成人员包括大数据、人工智能、移动互联网、云计算和物联网等行业的高端人士，已经成为大数据、云计算行业的高级职业经理人的交流和成长平台。

珠三角地区的大数据应用

珠三角地区凭借数据资源优势，充分发挥大数据在产业管理、政府治理等方面的作用，呈现大数据企业加速聚集、配套服务体系不断完善的良好态势。

作为全国重要的大数据资源汇集地，珠三角的大数据创新应用目前已经取得初步成效。具体成效包括：加强政务数据统筹整合，推进数据资源开放利用，社会治理大数据应用，公共服务大数据应用，行业大数据应用，制造业大数据应用，创业创新大数据应用，促进大数据产业发展，建立大数据标准体系等。

中西部地区已成产业发展新增长极

中西部地区政府高度重视大数据产业发展，对企业扶持力度较大，因此中西部地区快速集聚和培养了大量企业，已经成为大数据产业发展新增长极。

洛阳将大数据作为新的发展驱动力。洛阳将"依托中原大数据云计算中心，打造中西部地区大数据产业基地"作为重大专项，着力培育一批具有影响力的大数据平台与技术企业；实施"宽带洛阳"工程等七大工程，规划政务云、民生云、企业云、物联网云和农业云的智慧城市应用，大力推进中原大数据云计算中心项目进驻和数据集中工作，将洛阳市建设成为中西部地区重要的大数据产业与应用示范基地。

云计算：集群化分布明显，领先企业众多

目前，我国的云计算产业保持着良好的发展态势。在一系列优惠政策扶持下，云计算产业进入了发展的成熟期，产业结构基本稳定，基础设施集群分布特征明显。环渤海地区、长三角和珠三角是目前云计算基础设施最密集的地区，成渝地区也在迅速发展。与此同时，国内云计算行业的各个领域都有许多领先的企业，它们的创新能力、服务能力都在逐渐提高，产品应用范围不断扩大，是提高我国信息技术发展水平、打造数字经济的重要支撑。

云计算基础设施部署最密集区：环渤海、长三角、珠三角

环渤海地区有着得天独厚的地理优势、资源优势和经济优势，在云计算基础设施建设上，主要是以北京为核心形成聚集并发展。北京的云计算基础设施在环渤海地区最为完善，不仅建立了4个支持科研和信息服务的国家超级计算中心，还形成了以亦庄和酒仙桥为代表的IDC集群。天津利用当地制造业和物流业优势打造了环渤海云计算中心，并已初步形成了以滨海新区为重点的战略性新兴云计算产业国家级总部。山东省是环渤海地区云计算基础设施建设及研发的重要省份，以浪潮信息公司为龙头，该省发力产业链的上游，专注于下一代云计算前沿技术和创新云计算应用服务的研发。河北省依托首都经济圈，致力于加快廊坊、涿州等地面向京津的信息后台服务基地建设。

长三角地区云计算基础设施的发展以上海为主导，推动了江浙两省重点城市的快速发展。其中，上海、杭州和无锡代表长三角地区入选国家云计算试点城市。在基础设施配置方面，长三角地区拥有相对完整的云计算基础设施。长三角地区具有良好的经济基础，巨大的应用潜力和先进的信息服务，为云计算基础设施的应用提供了良好的基础。与此同时，长三角地区的高新技术产业密集，高校等科研机构众多，国际交流频繁，使其在超级计算行业及灾难恢复中心方面的发展中有很多优势。

珠三角地区有畅通的物流系统，完善的信息基础设施，强大的信息技术创新能力，并且对信息应用有较高需求，是中国云计算基础设施行业最发达的领域之一。作为三大通信和互联网枢纽，广州早在2012年就推出了"天云计划"（即《广州市云计算产业2011—2015年发展行动计划》），以改善云计算基础设施的状况。作为云计算应用的国家示范城市，深圳大力发展信息产业和高端产业集群，目前已成为云计算基础设施的重点城市。

成渝地区地处中国西南与西北的接合部，是中国西部经济发展重要的经济中心，具有很大的发展容量和潜力。其中，成都不仅是西部重要的交通枢纽、通信枢纽，也逐步发展成为金融中心、商贸中心和科技中心，同时也是国家重点建设西南灾备中心、网络节点、超算中心等，目前在云计算基础设施建设方面是紧随三大经济圈，且发展潜力巨大。重庆市经信委与华为软件技术有限公司于近日签署云计算战略合作框架协议，双方就共建云计算中心、智慧城市、智能制造、物联网、中新国家战略（重庆）互联互通示范项目等领域达成全方位战略合作。此次合作标志着重庆市在云计算产业发展上迈入新的里程碑，未来将对重庆市的"云端计划""智慧城市""重庆中新国家战略合作示范项目""物联网"等新经济业态的发展产生深远影响。

国内云计算产业各领域主要领先企业

云计算的细分领域主要包括IT基础设施与系统集成服务、基础设施即服务（IaaS）、平台即服务（PaaS）、软件应用服务（SaaS）和终端用户等。国内云计算产业各领域的上游企业领先者众多，其中，在IT基础设施与系统集成服务方面有浪潮信息、华为、华胜天成、浙大网新和华东电脑等；在IaaS运营维护方面有中国电信、中国联通、中国移动、百度和世纪互联等；在PaaS云平台方面有阿里云、华为、八百客和华胜天成等；在SaaS方面有亿方云、iWorker工作家、环信、阿里软件焦点科技和东软集团等。

下面列举几例。

浪潮信息是服务器领军优势企业，提供进军云计算的硬件部署，近年来受益于互联网云计算中心的建设，收入持续爆发。推行JDM模式为BAT深度定制方案，掌握下游互联网行业，全面布局AI行业。盈利边际能力改善的四因素：内存价格上升趋势减缓、AI服务器占比提升、芯片内存国产替代、竞争者减少后杀价缓解。已涵盖IaaS、PaaS、SaaS三个层面的整合解决方案服务能力，浪潮云遍布全国近40个运输局中心，已为120余个省、市提供云计算服务。

IaaS运营维护是我国的云服务市场增长的主力军。数据中心是运营商发展云计算的先发优势，也是其云计算战略的重要支撑。目前三大运营商均具备数量众多的私有云及公有云数据中心，如电信、移动在内蒙古及贵州两地均建设了10万+服务器规模的数据中心。同时运营商数据中心的全国分布也为其发展全国业务提供便利，可以为客户提供本地化数据中心及贴身服务，这也成为运营商当前云计算的主要卖点之一。

阿里云是全球领先的云计算和人工智能技术公司，其服务对象是制造业、金融业、交通运输业、电信业、医疗保健领域、能源领域等方面的领先企业，此外也为政府提供云计算和人工智能服务。2019年5月，阿里云参加了在天津梅江会展中心举行的第三届世界情报大会，国家主席习近平致信本次会议。阿里巴巴集团首席战略官曾明系统地总结了云计算对企业的价值：首先，移动＋云计算＝实现了IT服务的"在线"，大大降低了技术门槛；其次，云计算是公共服务，可改变成本，可按需使用，不再是固定资产投资，而且创业公司的成本压力将会大大减小；最后，云计算将数据转化为生产材料和企业资产。

亿方云是中国企业文件管理和协作SaaS服务提供商，为企业提供海量存储和大量文件管理、用户权限控制和高级数据安全，是国家级高新技术企业。在亿方云上，企业可以在部门和外部合作伙伴之间共享文件，并根据个人需求设置权限。同时，通过在线编辑、多格式预览、全文搜索、文件查看等功能，可以跨时空地在设备上进行文件办公和协作，打通了企业内外的数据协同。

边缘计算：产业快速上升，5G助力边缘计算

边缘计算是一个开放式平台，可在靠近物或数据源附近的网络边缘，集成网络、计算、存储和应用，就近提供边缘情报服务，以满足敏捷连接、实时服务、数据优化和智能应用、安全和隐私保护的关键要求。有机构预测，随着5G时代的到来，边缘计算的整体市场在2018年至2022年将以复合年增长率超过30%的速度增长，到2025年，预计将形成一个万亿级的市场规模。

我国边缘计算产业进展概况

目前，我国边缘计算处于快速上升阶段，各类产业和商业化组织正在积极发起并加速推进边缘计算的研究、标准和产业化活动。

边缘计算产业联盟（ECC）于2016年11月成立，它是由华为、中国科学院沈阳自动化研究所、中国信息通信研究所、英特尔公司、ARM和软通动力信息技术（集团）有限公司联合倡议发起的。目的是通过建立边缘计算产业合作平台，促进边缘计算产业健康持续发展，孵化行业应用实践。截至2018年10月，ECC拥有200多家成员，涵盖研究机构、运营商、生产制造、智慧城市、能源和电力、信息和通信技术等领域，专家动员会议包括3位中国工程院院士和50多位行业专家，涵盖智能照明、智能车载和边缘监控三个行业委员会。

2017年，中国通信标准化协会（CCSA）成立了工业互联网特设组

（ST8），开展了工业互联网边缘计算行业标准的制定。在国际电工委员会（IEC）的标准化管理局（SMB）中，建立了智慧工厂，虚拟电厂的测试床。边缘计算在国际标准组织中的影响力得到进一步推广。

2018年底，边缘计算产业联盟与工业互联网联盟（AII）共同发布的白皮书中对边缘计算的定义：作为连接物理世界与数字世界间的桥梁，边缘计算具有连接性、约束性、分布性、融合性和数据第一入口等基本特点与属性，并拥有显著的CROSS价值，可以归纳为边缘计算的三大显著特点：靠近数据源，实时性好；低时延，响应快；数据安全性高。

白皮书认为，边缘计算处于云计算和感知层之间，与云计算是协同互补关系。与云计算相比，边缘计算的优势在于：一是安全性更高，防范数据泄露的风险。边缘计算中的数据仅在源数据设备和边缘设备之间交换，不再全部上传至云计算平台。二是网络延时低。能够适应实时性要求高的场景和应用，据运营商估算，边缘计算的时延有望控制在1毫秒之内；云计算的时延在2毫秒至5毫秒之间。三是节省核心网带宽。5G时代，数据量暴增，数据全部传至云计算中心容易导致网络拥塞甚至瘫痪，而在边缘层对数据做初步筛选可以节省大量核心网带宽。四是位置感知，用户识别。当终端接入无线网络时，本地计算节点可以确定设备的地理位置，识别用户的网络需求，提供基于位置和用户的分析。五是提高资源利用率。在云计算下，很多智能终端在非工作状态下处于闲置状态，边缘计算可在无线网络中对其加以利用，实现物理资源共享。

2019年8月7日，边缘计算产业联盟2019实验平台评审会在北京召开，ECC实验平台小组审查了ECC在2019年征集的城市安全、轨道交通、科研模拟、高速公路、污水处理、物联网、工业智能制造、机器人、离散制造虚拟工厂、智能管理等10个测试床方案。测试床参与公司详细报告了产业价值、系统方案、技术亮点、施工规划等方面的情况。审查专家逐一分析了这些意见。同时此次会议还明确了实验平台组在测试床的征集、技术创新、营销等方面的下一阶段的关键任务和相应目标。

三大运营商的 5G+ 边缘计算部署

在 5G 时代，5G 网络将助力边缘计算应用，使应用扩展到运输系统、智能驾驶、实时触觉控制和增强现实等领域。5G 架构中有两种主要的边缘计算支持模式，一种是基于 LADN 选择边缘 UPF；另一种是 UPF 可以选择业务，本地业务可以选择下沉的方式。而三大运营商在 5G 初始部署阶段就考虑到了边缘计算。

中国电信主要将边缘计算应用于工业互联网领域，对于政府和大中型企业客户，可提供业务托管、虚拟专用网络和独家应用；对于为终端用户提供近端服务的客户如汽车网络、互联网游戏、CDN 等提供商，可提供边缘 CDN、存储和行业服务；对于高密度、高流量和高端客户如校园、购物中心和电影院，可提供缓存、定位服务和推送服务等。同时，中国电信还构建了边缘计算开放平台 ECOP，以打造边缘云网络融合的网络服务平台和应用环境。从 5G 商用元年（2019 年 6 月 6 日上午，工业和信息化部向中国电信、中国移动、中国联通和中国广电发放 5G 商业许可证，这意味着中国正式进入 5G 商业年度）开始，中国电信将 5G 的网络平台和边缘计算平台作为整体来考虑，边缘网络构建的业务能力，可以解决 5G 时代多种网络长期共存的问题。中国电信提出的基于通用硬件平台的 5G 边缘计算融合架构，可以支持边缘计算功能和业务应用的快速部署，同时支持用户面业务下沉和业务应用的本地部署，可以实现用户面和业务的分布式，并近距离和按需部署，还可以支持网络信息感知和开放性，并支持缓存和加速服务与应用。

中国移动致力于在边缘云平台、边缘网关、能力开放平台和智能网络引擎四个方面升级边缘计算的核心功能，并推出了 20 多个城市的边缘计算的试点应用。特别是在标准方面，中国移动在 5G 商用的第一年积极参与 3GPP（制定移动通信标准化的国际机构，也称第三代合作伙伴计划）相关标准的制定，确保 5G 标准支持边缘计算并保证后续增强。与此同时，中国移动也在推动 NGC 在三层解耦环境中的完全虚拟化并完成了原型验证。除此之外，中国移动还致力于推动基于 5G 规模试验的产业发展和边缘计算商业能力建设。

中国联通主导立项的 *MEC Platform to Enable OTT Business* 获得国际标准审计委员会全票批准，并建立了边缘云创新实验室、自主开发了 Cube-Edge 平台，又于 2018 年启动了 15 省 Edge-Cloud 规模试点项目，以创建智能驾驶、智慧医疗、智慧端口、视频监控、智慧场馆、智能制造、云游戏等商用样板工程，以多种方式探索 MEC 边缘云业务现场。在 5G 商用的第一年，中国联通将在 2019 年下半年按需部署商用 5G 网络，采用 COTS、Cloud OS、MEP 和 Edge-APP 的四层解耦方式，启动边缘 DC 机房资源准备工作。从 2019 年到 2020 年，预计 5G 网络将实现商业化，将启动规模边缘 DC 云资源池的构建，并将部署 CU、UPF、VCPE 等平台。从 2021 年到 2025 年，中国联通将进入 5G 网络规模商用，2025 年实现 100% 云部署和建成 CU、UPF、VCPE、MEP、App 通用平台。

边缘计算产业链及典型应用场景

边缘计算产业链的行业上游主要是硬件和软件设备的提供商。硬件基础设施提供商有华为、中兴通讯、浪潮信息、中科曙光、凌华科技等，这些厂商的主要服务包括边缘服务器、智能网关、边缘计算网络系统等。软件基础设施提供商主要有思科和谷歌等公司，其服务内容包括边缘操作平台和边缘应用软件。

边缘计算产业链的行业中游主要是从事边缘计算运营和管理的服务提供商。服务提供商有网宿科技和软通动力等公司，其业务内容包括社区云构建和边缘云托管。三大运营商也处于行业中游，它们的业务内容包括 5G 通信网络。还有一类云服务提供商，代表企业是阿里云、腾讯云和华为云，它们将云服务扩展到了边缘计算领域。

边缘计算产业链的行业下游主要是智能终端和智能应用开发商。智能终端开发商代表企业有小米、百度、德赛西威，其业务内容主要是可穿戴设备和车联网设备。智能应用开发商的代表企业有腾讯、海康威视、东方国信、千方科技和新北洋，它们的业务内容包括智慧城市、智能家居、智能制造和智能交通。

目前，边缘计算产业链代表企业的产业化主要有百度、华为和浪潮信息。

百度的边缘计算产品"智能边缘 BIE"包括智能边缘本地运行包和智能边缘云管理套件。2018 年 12 月 6 日，百度宣布全面开放智能边缘 BIE 的核心功能，并推出中国首个开源边缘计算平台 Open Edge，旨在打造一个轻量、安全、可靠、可扩展的边缘计算社区。Open Edge 平台采用一键发布和无感部署方式，使智能迭代大大提速，实现了训练、管理、云配置，以及获取、转发、计算、推理的整体效果。

华为至 2018 年底前发布的边缘计算解决方案有：华为 EC-IoT 解决方案，深度开放边缘计算＋云管理；Inside 方案提供边缘计算核心板，使合作伙伴能够快速拥有边缘计算能力，并成功应用于梯形网络，实现数百万台电梯的统一管理；智能配电边缘计算，有助于国家网络低压配电网数字化，提高检测效率；智慧水务是基于 EC-IoT 的解决方案，构建智能水务行业物联网。

浪潮信息拥有基于 4G 架构的 MEC 本地分流网关产品和基于 5G 架构 MEC 下沉的 GW-UP 方案，可以提供多种类型的计算平台，包括适用于大型边缘场景的集成整机柜产品，并适应电信边缘机房的 OTII 服务器以及适应移动场景的便携一体机，目前已应用于智能城市和工业互联网等许多场景中。

网络安全：打造产业高地，集群效应显现

目前，包括成都、武汉、上海等地都在加大网络安全产业布局，积极打造国家网络安全产业高地，已显现出信息安全产业集群效应。

四川网络安全产业的专精与强大

四川省聚集了中国电子科技集团公司第十研究所、第二十九研究所、第三十研究所，还有中国科学院成都计算机应用研究所，这些研究所承担了390多个国家级项目、850个地方项目和8个重大核心项目。电子科技大学作为中国最早开展网络空间安全研究的大学之一，培养了大批网络安全人才。

成都是全国三大网络安全产业化基地之一，拥有以中国电子科技网络信息安全有限公司为龙头的164家网络安全国家级企业，以及4万名网络信息安全从业人员。成都高新区作为成都网络信息安全产业的主体，建立了由科技部授予的现代服务业国家信息产业化中心——西部信息安全产业园，是中国网络安全产业的重要布局，涵盖研发、设计、安全服务网络安全的全部产业链，网络安全产业的综合实力居于全国前列。成都市高新区正在加快建设"全国信息安全融合发展试验区""全国信息安全产业核心集聚区"和"全国信息安全技术创新先导区"，助力建设网络强国，维护国家网络安全。

在2018年全国网络安全宣传周期间，一系列"黑技术"首次亮相：

网络空间安全城市指挥中心，反欺诈实验室智慧脑，网络安全概念车，中国首个自主可控数据中心交换机和可控核心路由器……同一期间，成都高新区签订了 12 个大数据和网络安全项目，总投资 311.95 亿元。其中，北京荣之联科技有限公司和上海泛微网络科技有限公司等众多公司将西部总部乃至全球总部设在这里。

信息安全是四川省确定的五大高端成长型产业之一，当前，四川已经初步形成了研发设计、产品制造、解决方案与专业服务等较为完整的产业链，网络安全企业主营业务收入连续 5 年保持 20% 以上的增长。

湖北网络安全产业集群崛起

湖北省武汉市致力于在网络安全领域建设中国硅谷。2016 年 9 月，武汉正式启动全国网络安全人才和创建基地建设。武汉临空港成为"聚集地"和"高容量"，是全国唯一的网络安全人才和创新基地。这个独特的"网络安全学院＋创新产业谷"基地，将成为具有国际竞争力的网络安全产业高地，这不仅将极大地促进上海合作组织成员国的信息安全合作，还将提升中国及其他成员国的全球信息安全竞争力。专业人士表示，临空港经济开发区的国家网络安全人才和创新基地有望成为世界一流的创新和交流平台。

武汉东湖新技术开发区即中国光谷，是全国三大现代服务业信息安全产业化基地之一。湖北省 90% 以上的信息安全企业聚集在中国光谷，在通信安全、移动安全软件、操作系统、安全数据库管理和金融卡方面的优势明显。安天信息和深之度科技等大量重点网络信息安全企业在这里应运而生，这里还拥有信息安全上市公司，如烽火通信、天喻信息和精伦电子。

例如，安天信息公司自主研发的"AVL 移动反病毒引擎"，在国际知名测评机构的 2015 年度移动安全产品首次测评中，战胜卡巴斯基、赛门铁克等国际巨头，以 100% 的病毒检测率获全球第一。该引擎已被小米、猎豹等多家知名厂商采用，覆盖全国 1 亿多部手机；深之度科技公司完全自主开发的个人计算机操作系统 Deepin，支持 30 种语言，全球下载量达 4000 万次，已成为全国乃至全球知名操作系统之一；烽火通信拥有国家保密局涉及国家秘密的计算机信息系统集成甲级资质，大容量骨干网络监控软件占据全国 80% 以上市场份额，2018 年通信安全业务收入突破 10 亿元。

上海打造网络安全产业桥头堡

目前，上海正在努力打造网络安全行业的核心力量，为网络安全产业的发展提供产业基础和应用优势，上海将有责任承担产业安全和发展的责任，努力打造网络安全产业的桥头堡。在产业布局方面，上海紧跟需求牵引力，致力于产业链、创新链和资源链的协调发展，突出网络安全产业链的整体优势，引入华为等优秀企业，实现 IT 能力供应全球。在产业集群方面，作为中国集成电路产业的主要产地，上海在国内操作系统、中间件、数据库等基础产品、行业软件和国内密码应用方面具有比较优势，并形成了独特的产业创新带。尤其是中芯国际的新建社产线项目、华力二期工程项目、和辉二期工程项目顺利开工，大数据和工业互联网等国家级示范区的推广，浦西软件园的高标准规划等。在对外合作与交流方面，服务国家"一带一路"倡议实施，在信息化特别是网络安全建设中发挥桥头堡的作用；同时也秉承海纳百川的开放精神，引入高通、英特尔等国际知名公司，借鉴优秀经验，提升了上海网络安全产业的国际视野。

未来，上海将加快推进网络安全产业的发展，大力培育和发展网络信息安全服务，构建工业互联网和工业控制系统安全等研发和转化平台，筹建网络安全产业创新院所，加快发展关键领域的网络设备和特殊网络安全产品，努力夯实保障国家网络安全和城市运行的技术产业支撑。

第九章

智能制造装备产业集群的三种发展模式：政产学研结合、龙头企业带动和吸引企业

目前不少地方政府纷纷加大对智能制造装备产业的招商投资力度，通过构建完整的智能制造装备上下游产业链及建立为该产业服务的现代服务体系，引领智能制造装备走向规模化、集群化发展道路。从智能制造装备产业发展的轨迹来看，其主要有政产学研结合、龙头企业带动和吸引企业三种发展模式。

政产学研结合模式：做大做优智能装备产业

按照《中国制造 2025》总体部署和要求：到 2020 年，形成 15 家左右国家制造业创新中心；到 2025 年，形成 40 家左右国家制造业创新中心。创新中心围绕重大需求，依托地方资源，通过多种渠道和方式，将产业界、学术界和政府吸收进来，形成一个"产学研政"协同合作的创新生态系统，加速制造业科技成果商业化和产业化，显著提升国家制造业创新能力。要"充分利用现有科技资源，围绕制造业重大共性需求，采取政府与社会合作、政产学研用产业创新战略联盟等新机制新模式，形成一批制造业创新中心（工业技术研究基地），开展关键共性重大技术研究和产业化应用示范"。

政产学研合作模式的内涵

智能制造装备产业是新兴科技和新兴产业的深度融合，是科技创新成果在产业领域的集中体现，而通过企业、政府、高校和科研院所、科技中介服务机构所联合形成的政产学研合作方式，就是推动新技术转化为产品，进而形成产业和市场的快速通道。

智能制造装备产业的政产学研合作模式，就是以企业和科研机构为核心，发挥政府、高校和科研院所、科技中介服务机构等多主体的作用，采取成果转让、合作开发、人才培养、共建实体、科技园区、战略联盟等适合合作各方的方式，以促进智能制造装备产业新型技术的应用和科学技术成果快速有效的转化，帮助智能制造装备企业拓展新的领域，带动智能装备产业技术进步，从而做大做优智能装备产业。

政产学研合作模式的关键在于，一方面，企业内部要建立良好的政产学研机制，积极推进成果转化；另一方面，企业通过吸引外部科研创新企业，建立内外源合作的关系。

江苏、山东、江西的政产学研合作模式

政产学研合作模式适合已经有一定基础的智能制造装备产业园。实践证明，政产学研合作是培育和发展智能制造装备产业的有效方式。下面列示几例。

江苏省大力推行"政产学研"合作模式，许多研究成果已经成功转化或实现了工业化，政产学研紧密合作实现了多方共赢，取得了良好的社会效益和经济效益。南通市将智能装备产业列为全市"3+3+N"产业的三大战略性新兴产业之一，并进行了重点培育。到2018年底，南通市与115家著名院校和科研所建立了长期的产学研合作关系，引进或共同建立了24个产业创新平台和33个技术转移机构，实施了1000多个产学研项目。企业有需求，高校有成果，为了帮助双方实现精确对接，南通市科技局建立了南通市产学研合作服务平台，面向高校广泛征集智能装备产业最新科技成果，精心挑选了一批最新科技成果在平台上发布，比如上海交通大学的"大功率数控精细等离子切割机"，供公司进行初步对接。除了在线平台的发布外，还定期进行离线对接活动，促成一批产学研项目落地。扬州市邗江经济开发区联合清华大学、中国科学院沈阳自动化研究所、华中科技大学、济南铸锻所4个单位共同建立了"扬州数控机床研究所"，通过整合创新和核心技术的突破，有力地提升了扬州邗江的数控机床产业自主创新能力和市场竞争力。常州市人民政府、机械科学研究院集团有限公司和江苏理工学院围绕智联制造和协同创新，建立了一批政产学研合作平台，并开展系列科技创新项目，取得了丰硕成果。此外，江苏理工学院还和北京机械工业自动化研究所于2018年围绕智能装备制造、医疗器械制造、人工智能等领域建立了常州智能制造研究所，为多方面培养智能制造领域的综合性人才、推动常州工业明星城市建设做出了积极贡献。

山东省枣庄市积极引导企业开展各种形式的政产学研合作，全市90%以上的规模企业开展产学研合作。例如，威达重工与广州数控、省科学院计算中心联合开发成功的"立式加工中心批量配套国产数控系统应用工程"，已被列入国家工信部科技重大专项，此后中国数控机床不再使用"洋脑"；联润新材料与东华大学、天津工业大学合作开发了超细旦莫代尔180支纱线生产技术，1000米纱线仅3克，为世界领先水平；益康医药与山东大学、中国医药大学合作，开发新药62项，利巴韦林晶A型标准物质是中国首个药用晶型标准物质，获国家科技进步二等奖……通过政产学研合作，科研成果更容易转化为生产力。

江西省深入推进我国与相关国家在前沿技术领域开展合作，构建"政府主导、市场引导、企业主体、学校主为"的互动合作运行机制，积极探索"政产学研用"（政府、产业、学校、科研、应用）五位一体的国际合作交流新格局。2019国际产学研用合作会议期间，江西省南昌航空大学分别与乌克兰哈尔科夫国立航空航天大学、乌克兰国立航空大学、江西洪都航空工业集团签署3项合作协议，共同揭牌成立南昌航空大学"中乌国际学院"，拓宽江西航空产业人才培养渠道，搭建中乌航空产业科研合作平台，促进两国航空产业政产学研用深度合作，助力江西航空产业发展。

第九章　智能制造装备产业集群的三种发展模式：政产学研结合、龙头企业带动和吸引企业

龙头企业带动模式：快速集聚人气，壮大产业规模

目前，我国典型的智能制造模式都有龙头企业来带动发展，这些企业都是成熟企业，具有明显的竞争优势。正是由于它们的带动，让产业发挥出了很多集群效应。

龙头企业带动模式的内涵

所谓龙头企业带动模式，就是先通过引进实力强、规模大、带动能力强、产品具有市场竞争优势的智能制造装备龙头企业，然后再为该企业进行产业配套，补全产业链上空缺的环节。

对于龙头企业，百度百科做了如下解释：在某个行业，对同行业的其他企业具有很深的影响、号召力和一定的示范、引导作用，并对该地区、该行业或者国家做出突出贡献的企业。根据国家有关部委联合发布的文件规定，重点龙头企业（国家级）的标准：一是我国东部地区的企业固定资产达5000万元以上；近3年销售额在2亿元以上；产地批发市场年交易额在5亿元以上。二是经济效益好，企业资产负债率小于60%；产品转化增值能力强，银行信用等级在A级以上（含A级），有抵御市场风险的能力。三是带动能力强，产加销各环节利益联结机制健全，能带动较多农户；有稳定的、较大规模的原料生产基地。四是产品具有市场竞争优势。重点龙头企业应建成管理科学、设备先进、技术力量雄厚的现代企业，成为加工的龙头、市场的中介、服务的中心。

哈工大机器人的龙头企业带动模式

龙头企业带动模式适合新建的无任何产业基础的工业园区，通过龙头企业带动，快速地集聚产业人气，壮大产业规模。

哈工大机器人集团（以下简称"哈工大机器人"）主要从事机器人零部件、工业机器人、服务机器人、自动化立体仓库及仓储物流设备、海洋自动化装备、核电自动化装备、航空航天自动化装备、公路隧道及轨道交通综合系统设备、建筑智能化及机电工程设备的研发、制造、安装、销售及相关技术转让、技术咨询、技术服务等。目前已经研发了我国第一台点焊机器人、弧焊机器人、爬壁机器人、空间机器人、月球车的诞生地。参加了国家高技术发展计划"863"计划制订，参加了从"九五"至"十三五"国家机器人发展规划工作。2013年申报"2011"协同创新，哈工大作为牵头单位，邀请包括沈阳自动化所、北航、北理工等研究机构和沈阳新松机器人公司、哈尔滨博实公司等企业联合申报，凸显哈工大在领域内的号召力。

哈工大机器人与安徽省合肥市经济开发区共同投资建设了哈工大机器人集团华东区域中心、华东制造基地和中央研究院。其中，华东区域中心和制造基地将建设25个机器人产业化和核心组零部件项目，中央研究院将设立如微纳米机器人等6个研究机构，并建立国际机器人学院。双方将在技术、生产、下游系统集成和行业服务方面开展项目合作与推广，共同打造集研发、制造、服务于一体的产业集群。

哈工大机器人与广东省中山市合作，在中山市翠亨新区建设哈工大机器人集团（HRG），在华南地区的机器人及高端无人智能装备产业基地建设哈工大机器人智能装备产业园。根据规划，基地共分三大主营模块：中美人工智能创新中心、机器人及智能装备集群和哈工大机器人研究院。依托中山的政策、区位、产业三大优势，未来有望形成集产、学、研于一体的智能装备制造产业集群。产业园建成仅一年时间，就已引进了 11 家智能制造项目公司，并有 7 家公司已投产。

中山天愈医疗科技有限公司（以下简称"天愈医疗"）就是其中一家专注于智能医疗康复器械的公司，其目标是打造成为一流的医养和康复机器人供应商和服务商。自正式投产以来，天愈医疗研发了四款机器人产品，其中最大的一款智能颈椎康复机器人综合系统和脊柱康复机器人综合系统，可依据医生诊断结果，自动形成标准化康复治疗方案。以正式投产时间计算，天愈医疗在中山落地的时间仅 3 个多月，就已经搭建了科研、生产及营销框架，它们将以中山为中心，逐步向国内其他城市布局区域营销中心，并与社区的高端养老、康复机构寻求合作，以智能化康复产品打入医疗康复、大健康和养老市场。

中山小神童创新科技有限公司（以下简称"小神童公司"）的总部位于哈尔滨，随哈工大机器人中山项目一起来到哈工大机器人智能装备产业园，是哈工大机器人集团的子公司。小神童公司将自己定位为无障碍医疗设备研发制造商，同时也提供专业的产品设计和技术服务。该公司除了哈尔滨的研发中心外，还在中山设立了研发制造中心，深圳和上海各有一个销售中心。其主要研发方向是自动化物流搬运设备和无障碍医疗机械设备。在公司开发的主要产品中，爬楼梯具有在建筑物中上下楼及平地运输重物的功能，从而改变了传统的手动搬运模式，目前已广泛应用于物流、送水、搬家及家电等领域。

从机器人企业到机器人产业，通过哈工大机器人集团这样的"种子企业"的撬动，哈工大机器人智能装备产业园的智能制造装备产业集群已经形成。

目前，哈工大机器人初步完成了核心技术的沉淀和整合，累积了一批优势技术成果，已申报专利 1000 余项，授权专利近 500 项，制造了 20 余类 100 余种产品。这样快的发展速度，无疑让哈工大机器人成为全国机器人与智能制造行业的一匹黑马，也将在带动和培育智能制造装备产业集群方面进一步发挥作用。

第九章 智能制造装备产业集群的三种发展模式：政产学研结合、龙头企业带动和吸引企业

吸引企业模式：依托国内外产业转移吸引落户模式

智能制造装备产业聚集的基地一般都有大量生产高端装备及零部件的企业，而这些企业既可以来自国内，也可以来自国外，多家企业聚集可以提升产业配置和协作能力，打造一流的高端品牌。要想让众多企业聚集到基地中来，吸引模式经实践证明是个有效的方法。

吸引企业模式的内涵

所谓吸引企业模式，就是在全球经济一体化的大背景下，国内外市场相互融合，企业通过在国际间的自由流动，参与国际分工，产业转移趋势明显，这也给我国带来了一定的机遇。一方面，可以通过吸引国际上大型的智能制造装备企业落户；另一方面，也可以吸引内地打算向沿海地区转移的企业，或者是打算扩大规模建立分支基地的大企业。

沧州、徐州吸引企业落户模式

2018年，沧州机器人产业园区和运河激光产业园区被列入河北省战略性新兴产业发展三年行动计划的人工智能和智能装备产业培育集群和产业基地。到2019年5月，华工科技、领创激光、国工信、长春光学研究所等智能制造和激光产业链的龙头企业纷纷落户或合作建厂；瑞克RV减速机、哈工大机器人集团伺服驱动系统研究所、SMT贴片机项目签订了合作协议，园区产业链正在变得越来越完善；建筑面积4万平方米的高端装备制造基地1号车间主体完工，7家智能制造装备企业落户其中扩大生产……

目前，沧州智能制造设备产业已初步形成了三大领域比较完整的产业链条，即激光设备研发、制造与应用产业链，工业机器人制造产业链和精密数字钣金加工设备生产的产业链；拥有行业领先的智能制造设备行业自主知识产权核心通用技术，包括高速数控系统、伺服电机、减速机、视觉检测技术等；建立了研发机构和运河园区，包括智能制造设备院士工作站、激光加工国家工程研究中心京津冀区域中心、智能激光切割技术省级工程实验室，正在继续全力打造河北省战略性新兴产业发展重要示范区。

2019年3月6日，徐州市泉山区政府召开2019泉山区智能制造产业投资推介会暨落地项目签约会在徐州市泉山区举行。世界五百强企业南京富士通南大软件技术有限公司的富士通南大软件研发基地揭牌，该基地计划发展规模500人，主要承接日本富士通总部的离岸外包业务，对徐州软件服务外包产业发展和创新创业人才集聚具有较强的促进和支撑作用。活动当天，包括"润华心康医疗器械供应链总部"项目在内的投资总额共326亿元的60个项目结缘于徐州，落户在泉山。泉山区正在倾力打造的徐州淮海国际陆港、江苏淮海科技城、泉山经济开发区三大主力园区，众多企业、项目落户泉山，都是能够助力徐州、助力泉山发展的高端要素。

第十章

智能制造产业园规划成功案例展示

规划智能制造产业园区,首先要看本地区是否适合构建智能制造产业园区,关键要了解本区域或周边区域智能化程度提供的市场需求以及人力资源、科技知识的支撑如何。其次要有系统思维,因为智能制造产业园区是一个相对独立的产业生态系统,也是城市产业生态系统中的子系统。本章展示了现实中的几个成功案例,可以为智能制造产业园区的规划提供借鉴。

华之翼无人机产业园区规划

华之翼无人机产业园区位于北京市房山区大石窝镇南辛庄村北侧,镇域地理位置优越,交通便利,距京石高速公路20公里,京原铁路穿境而过。一期占地面积约1100亩。

产业背景与产业需求

2003年5月1日,我国开始施行《通用航空飞行管制条例》,明确规定无人机用于民用业务飞行时,须当作通用航空飞机对待。2015年,河南和湖北部分地区的农业无人机被纳入财政补贴范围。2016年4月18日,首家获得民航局批准的无人机云系统U-Cloud(掌上优云)正式上线。无人机生产企业或所有者个人接入这个监管系统之后便于申请飞行计划,可以一键解决飞行计划的快速报批。

中国民用无人机的发展主要经历了初创期、蛰伏期和成长期3个时期,目前已形成了以军工集团下属单位和科研院所、民营企业为主要市场参与者的新兴市场。在应用方面,民用无人机下游需求非常广泛,可应用于农业、电力、石油、检灾、林业、气象、国土资源、警用、海洋水利、测绘、城市规划等多个行业。

从产业需求来看,国内尚未形成完备无人机行业集群,迫切需要有专用的空域和场所,为无人机的试飞、训练、比赛和飞行提供专业化的服务,未来无人机行业空间巨大。除此之外,项目所在地北京拥有高端的科研人才和产业环境，具有发展无人机产业的雄厚基础和优势条件，园区的建设和规划将在促进产业结构调整和发展经济等方面发挥积极的辐射、示范和带动作用，成为经济腾飞的助推器。

项目发展定位与功能布局

华之翼无人机产业园区以"专业化、规模化、品牌化"为理念，以构建无人机全业务系统和完整的产业链为宗旨，通过专业化和市场化手段，整合国内外优势技术和市场资源形成产业聚集，构建符合无人机产业发展的服务体系，形成优势核心竞争力，最终成为在专业化程度、产业聚集度、服务能力、营收能力和发展潜力等方面国际领先的无人机产业园区。

园区聚集无人机的研发、制造、仓储、服务、科普、培训等服务企业，并为之提供多样化的服务平台，一期规划六大功能区，包括生产组装中心（厂区）、研发工作区、企业展示区、科普教育区、办公区和生活配套区，同时提供包括物业服务、技术服务、电商服务、仓储物流服务、金融和双创服务，以及通过平台提供信息服务、人才服务等互联网服务。

安德森智能家居产业园规划

安德森智能产业园区位于河北省衡水市安平县城东经济开发区，地处京津冀、雄安新区经济圈，区位优势明显。园区欲打造智能产业双创示范基地。

项目政策背景与行业背景

李克强总理在2015年政府报告中提出了"互联网+"战略。2015年3月18日，工业和信息化部发布《关于启动2015年智能制造试点示范特别行动计划的通知》。安平县委、县政府针对国家支持的产业和领域，引进一批技术含量高、投资强度大、税收贡献大的企业。安德森凭借多年的物联网行业经验，结合安平县委、县政府提出的"产城融合，科技先行；提质赶超、转型升级"的战略方针，与安平共同构建"智能园区"，以推进县域经济发展和产业结构升级。

随着主要智能家居系统平台和大数据服务平台的建成，加上众多下游设备制造商的存在，智能家居产品被消费市场所接受。到2020年，中国智能家居市场规模预计接近2500亿元，项目市场前景广阔。

项目的交通、物流及资源优势

园区位于京津冀地区。京津冀地区将以"京津、京宝石、京唐秦"为主轴形成三大渠道，区内所有地级以上城市将与现有道路网相连接，基本实现与周边地区1小时以内通勤。还靠近大广高速公路和京九铁路，得以联通十多条国家高速公路。

安平县已建成了先进的物流产业基地，并聚集成为物流中心。为了打造与丝网和汽车零部件制造业无缝衔接的物流业，推动传统物流业向现代物流业的转变，安平县创造性地实施了物流园区和工业园区"两园同建"项目，建设了聚成国际物流产业园，总投资52亿元，物流园区已完成投资8.1亿元，建成了配送区和仓储区，入驻物流企业200多家。多条线路覆盖了全国各级县城的交通运输网络，一个在全国范围内进出货的现代物流基地已经形成。

安平县有一定的资源优势：一是国际丝网产业资源。安平丝网起源于明朝弘治元年（1488），迄今为止已有500多年的历史。目前，丝网已成为安平的特色主导产业和支柱产业。二是京津高科技产业资源。京津冀协同发展上升为国家战略的三年来，共吸引1350多家京津高科技企业落户河北，比如支持引进转化京津科技成果550个，仅2016年就有6项京津冀协同创新科技成果获国家科技进步奖，占全省获奖总量的60%。

项目的定位、功能、目标与合作

园区以物联网智能家居产品为核心，以研发、生产、管理、服务的全流程智能化为特点，整合产业链上下游相关企业与资源，打造全国首个集生产、研发、展示、销售、运营于一体的专业物联网智能家居生产基地。

园区以智能家居产品为核心，划分为八大功能区：展示区、研发区、生产区、储运区、试验区、数据区、教育区、生活区，建设项目包括智能双创中心、智能生活中心、智能智造中心、智能数据中心、智能能源管理中心、智能培育中心、智能实验中心、智能仓储中心、智能体验中心、智能研发中心。

项目建成后，智能家居产品年产量将达到150万套，销售收入160亿元，纳税6亿元；引进200多名高端科技人才，新增1500个就业岗位；

上下游企业将继续在安平"智能园区"入驻,为安平县的发展做出贡献。

园区以企业为主,由地方政府协助,推动全国范围内的智能硬件、智能家居、智能电器、智能制造等行业的企业和创业者招商合作,共享智能家居万亿元市场,形成智能家居生产与研发产业集聚区。

宝山工业机器人产业园规划

宝山工业机器人产业园区项目位于上海市宝山区顾村镇，是上海房地产建设沪北板块宝山新城三大组团中"最适宜居住地区"的绿色园林组团。项目总用地面积 4635 亩，建筑用地面积 2300 亩。

项目的产业背景与优势

《中国制造 2025》重点领域技术路线图中预计到 2020 年，中国机器人出货量将达到 15 万台；到 2025 年机器人销量将达到 26 万台。上海是中国最大的机器人产业集聚区。国际产业界的四大机器人巨头：总部在瑞士的 ABB、德国的 KUKA（库卡），以及日本的 FANUC（发那科）和 YASKAWA（安川电机）都将中国总部或机器人总部设在上海，这四家企业在中国市场占有率约 80%。上海直接从事机器人生产与服务的企业有几十家，近几年成立的较多，遍布于产业链的各个环节。上海自主研发机器人的中小企业发展迅速。

项目优势主要有以下几方面：一是创新环境和人员环境。上海是全国科技的聚集之地，在上海，国家级、部委级的创新体系达到 260 多家，其中国家级的机构有 119 家。此外，上海市科研院所、高等院校、企事业单位积聚了许多人才，能够为项目输送源源不断的人力资本。二是政策发展规划的支持。上海市出台的相关产业政策都支持上海机器人产业园的建设，保证了产业园政策环境的稳定。三是项目区位优势。项目位于宝山区政府城市规划的中心节点上，地理位置及交通的便利将促进区域经济的发展，产业园的辐射能力也将变得更加强大。

战略定位与产业定位

园区致力于打造成为全国领先的机器人产业园，同时在机器人行业中占据着不可替代的位置。为了达到此目标，产业园以"产业化、多样化、高端化、集成化、区域化"为战略定位，最终将产业园建设成为机器人服务体系和机器人产业集群。

项目的产业定位为"一主一辅一配套"。"主"是主要、核心，指的是以产业链为核心建设机器人产业集群；"辅"是辅助，指的是完成相关辅助装备制造基地的建设；"配套"指的是完成相关高端生产性配套服务集群的建设。

功能布局、建设规划及运营管理

园区的布局遵循"三区两轴一核心"的功能分区布局原则。"三区"包括机器人研发与成果转换区、高端装备制造业基地、总部经济区；"两轴"指的是东西和南北走向的两条景观轴，其中东西走向的是体现工业生态和谐共融的生态景观，南北走向的是为了打造现代化、多样化的综合性商务轴；"一核"指的是机器人产业园公共服务核心区。

园区开发进度分三期建设：起步期、发展期和成熟期，总建筑面积2300亩。一期用地面积1200亩，主要建设工业机器人产业园、机器人科技大厦、机器人主题科技公园、研发办公区、上海机器人体验馆、国际五星级酒店等基本建筑，为机器人发展提供科研平台；二期用地面积600亩，主要建设服务机器人产业园、上海机器人博物馆、上海机器人研究所、办公楼，为优秀企业的入驻提供条件；三期用地面积500亩，主要建设机器人创新园、国际机器人展示中心、上海机器人学院、服务公寓和山野主题街区等高档服务集群。

园区经营体制需将产学研结合起来,让技术创新带动产业升级和产业优化,改变整个园区的面貌。在经营体制创新过程中,降低产品同质化,要尽快地凸显产业集群的优势,产生规模效益,注重产业链的协调,让资源得到最有效的利用,使整个产业链条得到最优化的发展。

杭州人工智能产业园规划

杭州人工智能产业园区位于浙江省杭州市滨江区,该区域是高新技术的创新源泉和中小科技企业的孵化器,是杭州未来的城市副中心和科技城。

项目的产业背景与优势

杭州是我国重要的高科技产业基地、电子商务中心和区域金融服务中心,也是互联网电子商务高度集中和发展的城市,在探索"互联网"人工智能的路径方面具有独特的优势。这里的人工智能行业制高点为阿里、网易、海康威视和新华三等IT行业巨头所占据。制造企业通过"机器换人"实施转型升级,也促进了人工智能技术与机器人的深度融合,灵伴科技、凌感科技等初创型企业已成为人工智能行业的重要势力。

项目优势主要有以下几方面:一是区位优势。园区地处滨江区,这里聚集了华为杭州研究所、深圳研祥计算机、网易、阿里巴巴等众多具有全国领先优势和影响力的高新技术产业龙头企业,信息、技术、人才、资金、政策等产业因素也在这里高度集中,从而为人工智能产业的发展奠定了坚实的技术基础和产业发展氛围。二是资源集聚的优势。园区在各级政府有关部门的大力支持下,由浙江省经信智慧城市规划研究院、浙江省人工智能学会、滨江集团合作共建,共同为创新型企业家提供强大的创业和产业资源支持。

第十章 智能制造产业园规划成功案例展示

项目发展定位、产业规划及运营管理

该项目以服务和促进人工智能产业发展为目标，打造集专业服务、创新孵化、多资源聚合、产学研转化等功能于一体的人工智能产业新平台，成为省级人工智能技术研发、应用和产业化的示范基地。

项目构建"一主三化五平台"产业发展服务体系。"一主"，即打造有利于人工智能产业快速发展的生态系统；"三化"，即人工智能技术成果化（孵化器）、人工智能成果产业化（加速器）、人工智能产业资本化（倍增器）；"五平台"，即人工智能产业产学研合作、人工智能产业技术成果交易、人工智能产业公共服务、人工智能产业企业家交流、人工智能产业投资发展五个平台。

园区将依托各级政府的大力支持，汇集省内高新龙头企业，建立人工智能产业联盟，并将与投资行业协会、国内知名投资机构、金融服务机构、投融资服务组织等建立紧密的合作关系，为创新创业者提供直接投资、引入投资以及投融资服务全面专业的资本服务，帮助中小科技企业打通资本通道，促进人工智能产业与创新创业企业的快速发展。

云南曲靖高铁智慧物流园区规划

云南曲靖高铁智慧物流园区位于沾益区主城西北的沾益工业园区,紧邻曲宣高速及工业区。项目的选址既靠近城市又靠近客户群,交通便利,是各种运输方式的货运连接点。

项目的产业背景、优势及发展策略

优化物流业的区域布局是国家调整和振兴规划的主要任务之一。曲靖市作为云南第二大城市,在滇中城市群中居于滇东门户的重要地位,在运输和物流方面具有明显的优势。沾益区未来物流发展将以滇中城市群经济圈布局产业与指引物流发展,积极依托自身优势,将能源、机械装备、特色农产品作为突破口,发展与滇东第一门户相匹配的物流及相关产业功能。

项目优势主要有以下几方面:一是区位优势。曲靖市位于滇、黔、川三省交界处,并且作为云南省第二大城市,在经济发展、交通条件和产业基础方面具有发展大物流和大流通的先天优势。二是运输优势。境内拥有沪昆高铁、渝昆高铁、南昆高铁、盘西铁路,以及由高速公路、省道、国道连成的对外公路,还有昆明长水国际机场、沾益机场、宣威支线机场、富源通用航空机场和罗平通用航空机场。三是工业基础。煤炭开采、煤化工、烟草及配套、有色金属冶炼和轧制加工、汽车和机械制造、现代服务业等行业在麒沾马一体化地区发展强劲。曲靖市社会消费品零售总额和外贸进出口总量逐年增加，初步建立了一个覆盖全市的物流网络。

项目采取差异化发展、区域协同、智慧发展、物流生态的策略，并定位于立足自身，形成集智慧园区、物流生态圈、商贸物流综合体于一体的以智慧服务为核心的商贸物流综合体。

功能分区与发展重点

园区分为九大功能区：省际物流作业区，主要为存储时间短，进出仓频繁的仓储功能；专项物流作业区，主要为长时间储存又不能混存的仓储功能；冷链物流作业区，主要为需特定环境下保存的物品储存功能；第三方物流（加工）作业区，主要为具有一定加工生产的仓储功能；园区商业商务办公区，主要为园区的管理中心、信息中心和商务中心等服务功能；园区生活配套区，主要为园区配套居住及其服务功能；产品交易区，主要为园区配套的商品展销功能；电商物流区，主要为城市快递物流功能；设备租赁及车辆维护区，主要为园区提供物流设备租赁及汽车的维护保养功能。

园区将大力发展物流业，包括区域物流中转和配送、冷链物流、公铁联运物流、公路货运物流和航空快递物流。以园区运营数据和企业运营数据为核心，通过大数据和互联网技术搭建智能园区框架。在第一阶段，将建立一个智能物业管理平台，为园区的健康运营奠定基础。未来将构建智能企业服务平台和智能公共服务平台，最终形成智能园区运营管理模式，在这一模式下，一卡通、App、公共平台和外围互联网将实现一体互动。

招商策略与融资模式

发挥招商企业带动外围产业配套聚集的作用，最终实现产业发展的专业化、产业环节的差异化。此外，还利用大数据服务商的数据信息、分析能力、预测能力,做到精准招商。

融资初期阶段引入 PPP 模式,鼓励在特许经营项目领域引入社会资本,与园区共建公共设施与基础设施,风险共担、利益共享,分担政府前期投入的资金压力;中期阶段采用传统融资模式,通过土地出让获得前期建设资金,此阶段资金流动性得到恢复;后期阶段成立园区金融服务机构,为扩大企业规模、后续入园企业、转型企业提供金融支持服务。

参考文献

1. 中国电子技术标准化研究院：《信息物理系统（CPS）典型应用案例集》，电子工业出版社 2019 年版。

2. 刘功业：《第三极：天津滨海新区发展纪事》，天津人民出版社 2009 年版。

3. [美] 杰里米·里夫金：《工作的终结：后市场时代的来临》，王寅通译，上海译文出版社 1998 年版。

4. [美] 迈克·波特：《国家竞争优势》（上），李明轩、邱如美译，中信出版社 2012 年版。

5. 其他资料来源：中央和地方相关产业政策与规划，以及 36 氪、红商网、雨果网、钛媒体、梅花网、百度等网站最新资讯。

附录：浙江共赢链集采平台有限公司简介

一、关于我们

浙江共赢链集采平台有限公司是专注于为行业客户提供柔性敏捷供应链解决方案的工业互联网服务平台。公司秉承"共建、共享、共赢"的价值理念，连接行业上下游资源，致力于为传统产业集聚区、块状经济带赋能产业供应链及互联网转型制胜之路。

二、聚焦发展

（1）杯业、汽摩配件、五金行业供应链创新服务；

（2）工业互联网产品（设备数字化、仓储管理云平台、采购管理云平台）；

（3）原材料集中采购、JIT仓储管理、城际配送、国际物流；

（4）供应链金融、供应链管理及供应链人才培训等服务；

（5）电子商务交易平台。

公司自建电子商务交易平台，已实现线上询价、订单、合同、交易及结算（支持各大银行的结算、承兑商票等）、物流及验收等全过程管理，通过不断完善的企业交易数据和行业大数据，为内外部提供经营健康指数。

公司通过建立电商平台和线下服务系统，及时掌握需求信息以及行业痛点，发布实时产品和服务信息，整个过程实现采购及服务信息的公开化，简化采购流程、降低采购成本、提高采购效率，以实现阳光采购和零库存管理的水平。通过平台集成客户产品及服务需求，实现区域客户的集成供应链服务，促进区域产业链的整体竞争能力，助推其转型升级。对于上游供应商可以集成销售，有稳定需求量的保证，实现更稳定的生产协调、原料订货等功能，以降低其生产成本、库存水平、流通成本，同时还可以降低销售渠道中的浪费和管理成本。对于下游客户，可以依托平台集成优势选择最佳供应商，实现行业信息的对称性和有效的供应商绩效管理、质量指数，从而有效降低采购中的直接和间接成本以及内部的库存水平，最终达到竞争力的提升。

三、共赢链采集平台业务系统——全生命周期信息服务

设备数字化管理云平台——

管理可视化
通过可视化管理实时监控现场设备状态

数据集中化
资产信息基础数据集中管理

流程标准化
工作流程标准化、系统化、规范化管理

分析科学化
对历史信息进行快速查找和科学分析

移动集成化
强大的移动端功能及第三方系统集成

知识库管理
建立设备管理及维修经验知识库

基础信息管理
- 设备参数配置信息管理，电子化维修维护手册，备件及辅料信息
- 固定资产管理，关联到产品线、工序

可视化管理
- 工厂设备运行可视化看板
- 总体设备效能（OEE）

维修管理
- 设备故障响应时间、修复时间管理
- 设备维修历史管理，设备生命周期跟踪

维保管理
- 设备维护保养计划及执行情况管理
- 设备故障预测及预防检修

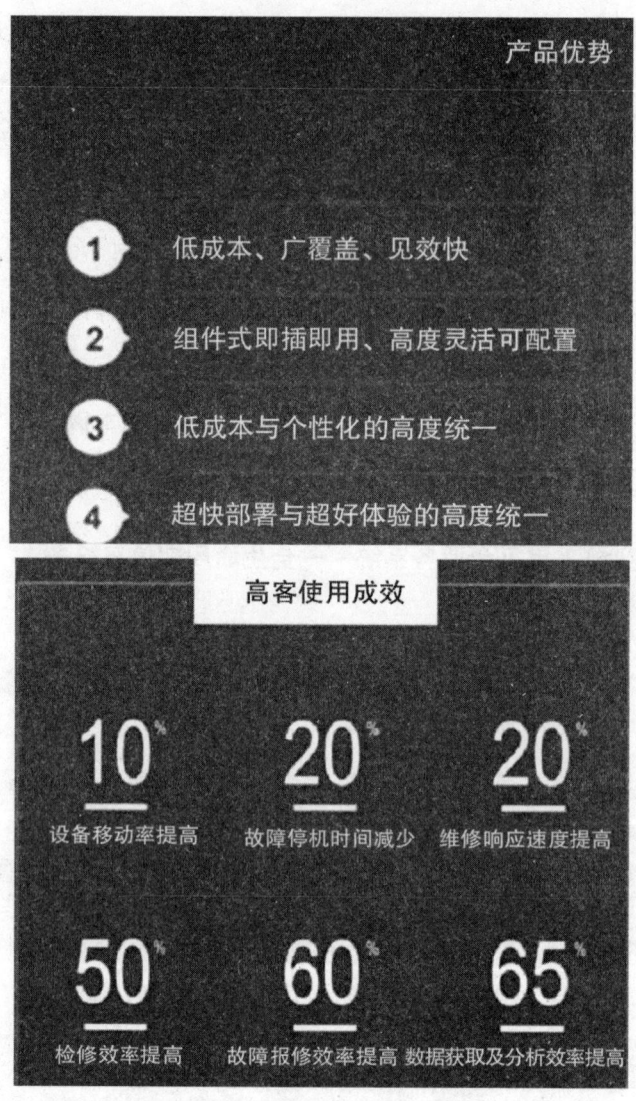